Interpretación del ser humano desde la perspectiva neoliberal: El NUEVO 'SUJETO' SOCIAL

Francisco Vélez Cruz, Ed. D

2021

.... El Nuevo "Sujeto" Social

Título: Interpretación del ser humano desde la perspectiva neoliberal: **El NUEVO 'SUJETO'SOCIAL**

Copyright © 2021 Francisco Vélez Cruz.

ISBN: 978-1-304-20006-8 (tapa blanda)
Impresión: Lulu Publishing Services rev. date: 09/07/2021

Edición y Revisión del texto: Dra. María Villeneuve Román. Ph. D
Costa Rica#159, Condo.Avila 14-E San Juan, P R.00917
Tel. (787) 754-1941

Arte: Orlando Diaz Morales. Architectural Illustrator
Email: odm1965@yahoo.com
Instagram: odm_illustrator
Tel: 787-550-3647

"Las sociedades mueren. En este momento vivimos en una sociedad que ha llegado a su fin. De un lado está la sociedad de ayer, que ha caído, del otro lado está el hombre aferrado a un código de comportamiento de una sociedad que ya no existe. Por eso siente la necesidad de cambiar; pero está la dificultad de proporcionarse un nuevo modelo, pues la otra sociedad todavía no ha aparecido o, a lo sumo, comienza a manifestarse. He aquí el momento de transición, que es también una situación de emergencia, dolorosa, pero no absolutamente negativa".

Ferreri (2019)

.... El Nuevo "Sujeto" Social

CONTENIDO

.... El Nuevo "Sujeto" Social

AGRADECIMIENTO Y DEDICATORIA

Volver a la normalidad después de una crisis es una gran tarea y es imprescindible estar agradecido con todo y todos cuando el saber, los nuevos conocimientos se han generado como resultado de muchas personas a nuestro alrededor. De estas experiencias aleccionadoras y, a las que habrán de sumarse muchos más actores en la tarea de aprendizaje; por lo que estoy agradecido con la vida y su entorno. En específico, los colectivos sociales ante el surgimiento del nuevo 'Sujeto' social y las personas que han examinado el conjunto del manuscrito cuando preparaba este libro: Dr. Carlos Rojas Osorio y Dr. José Castrodad.

Dedico este trabajo a lo constante y perseverante, a lo nuevo, a la duda metódica, a la timidez desafiante, tenacidad y lucha insaciable, a la complejidad en que se encuentra la humanidad, el Ser Humano. En definitiva, dedico este esfuerzo especialmente a Irma Iris, Luis Francisco, Claudia Isabel, Eugenia Fernanda, Esteban Samuel, Alexandria y Brooklyn que les ha tocado aprender a jugar con las reglas del "Nuevo Sujeto Social".

.... El Nuevo "Sujeto" Social

Introducción

El nuevo 'Sujeto' social, desde la perspectiva neoliberal, apela a esa imprecisa denominación de los "milenial" herederos de ese caldo de cultivo ideológico-cultural. Su cosmovisión está modelada en la idea del Estado deficiente entronizado por la iniciativa privada y del más desvergonzado individualismo egocéntrico acompañado por la configuración de lo fingido, lo falso, lo imaginario y lo hiperreal que se implanta en la conciencia de cada individuo. Por lo que, en definitiva, el neoliberalismo imprime, modela y nos caracteriza. El análisis, como se presenta en el CAPITULO I, permite describir las acciones individuales, de los seres humanos, al vincularse con ciertos enunciados a los cuales le atribuyen valor y se aceptan como una verdad desde una visión e interpretación ontológica del 'Sujeto' neoliberal. Foucault (2008) ha planteado que, en lugar de establecer jerarquías entre los saberes, se utilizan estrategias que relacionan y mediatizan enunciados de verdad con lo falso e imaginario. En este sentido el 'Sujeto' neoliberal no cuestiona la validez o legitimidad epistemológica porque se encuentra en una disincronía histórica y sistemática según sus causas y síntomas.

El paradigma epistemológico del nuevo 'Sujeto' neoliberal se analiza en el CAPITULO II. En el mismo se propone un análisis de cómo se genera y se valida la epistemología del nuevo 'Sujeto' neoliberal. Al exponer y considerar en la configuración epistemológica del nuevo 'Sujeto' la racionalidad neoliberal está analizada en relación a tres ideas fundamentales: Eficiencia, Eficacia y Calidad. Estos tres conceptos están fundamentados en el eficientísimo industrial que es trasladado al campo educativo y a las ciencias humanas dirigidos a incrementar, maximizar la conducta productiva en el ambiente operacional y el clima emocional laboral entre el personal/empleados. De esta forma se vincula el interés individual y lo lúdico al consumo desde la perspectiva del pensamiento lineal que conecta mecánicamente al sistema educativo con el aparato productivo. Por consiguiente, todo proceso educativo está subordinado a los intereses de la industria y del mercado. Lo cierto es, que el discurso y la lógica del relato por imágenes están modificando la forma de percibir la realidad y el procesamiento de los conocimientos que tenemos de la realidad. Hoy, la tendencia es ir suplantando lo racional-intelectual producto de la lectura por la nueva dimensión de la imagen como nueva deidad a la que se le rinde culto. Nos encontramos en el reino de la imagen la cual tiene el poder de dirigir el destino de los seres humanos. En otras palabras, nos domina la banalidad, la superficialidad y la fantasía del proceso imaginario neoliberal y las nuevas generaciones son su objetivo, aunque no lo saben.

El CAPITULO III se refiere a la ética en el neoliberalismo contemporáneo que introduce al 'Sujeto' neoliberal como unas personas en esta sociedad que se caracterizan por ideologías blandas, relativas y establecen sus bases en una ética contemporánea avalada por la posmodernidad. De manera que se hace un llamado a dudar y cuestionar acerca de las verdades absoluta y dogmas adoptados por los religiosos y científicos quienes las colocan sin una demostración ni base empírica alguna (Muñoz Mantilla,2016). Esta nueva visión posmoderna abre la puerta al caos social que es apoyado por las clases dominantes, hegemónicas, económicas, militares y políticas que controlan a la población, aunque estas sociedades no lo deseen; sea este control de parte de una nación o de un grupo de naciones.

Desde esta nueva perspectiva, es cuando nos preguntamos; ¿por qué ocurre y surge o se formula en el neoliberalismo contemporáneo un proceso ético? ¿Por qué se avala el adquirir el control donde todo es válido cuando la ética es una doctrina filosófica que estudia una moral que establece lo bueno y lo malo como fundamento para vivir armoniosamente en la sociedad? La ética como disciplina estudia la actuación moral del ser humano en la sociedad. A su vez, la ética es también llamada filosofía moral, por cuanto, se ocupa de reflexionar seria y profundamente acerca del comportamiento moral de los seres humanos y sus implicaciones en la vida social que le caracteriza.

Finalmente, en el CAPITULO IV se presentan los elementos prácticos de la gestión neoliberal: el diseño en política, ¿quién decide? En este capítulo se plantea que el neoliberalismo ha generado profundas transformaciones sociales, políticas, económicas, culturales y éticas e igualmente cómo han sido favorecidas por el poder de los medios principales de trasmisión de información. En este contexto, se analiza cómo los comunicadores sociales, publicistas dedicados a la propaganda, la Internet, revistas, películas, periódicos, radio, grabaciones, televisión y los intelectuales orgánicos que pertenecen a la clase burguesa se encargan de organizar la función económica a la que pertenecen.

En otras palabras, se expone cómo las personas a cargo de los medios de comunicación masiva son portadores de la función hegemónica que ejerce la clase dominante o élite en la sociedad civil de los partidos políticos existentes. El fin de los intelectuales orgánicos es asegurar el consentimiento pasivo de las clases sociales dominadas por la clase dominante que controla, administra, dirige y somete a su discreción a la sociedad. Los intelectuales orgánicos programan la coerción que ejerce la clase dominante en las clases media, pobre y más vulnerable por medio del Estado (Gramsci,1967). Por consiguiente, se evidencia cómo a través de la gestión de los intelectuales orgánicos, el modelo neoliberal logra expandir su discurso a escala mundial despolitizando, en gran medida, a la sociedad.

Francisco Vélez Cruz, Ed. D
2021

El Nuevo 'Sujeto' Social
Capítulo I: Una interpretación ontológica del 'Sujeto' neoliberal

CAPÍTULO I

Una interpretación ontológica del 'Sujeto' neoliberal

"La ontología hace referencia a nuestra comprensión genérica nuestra interpretación — de lo que significa el ser humano"
(Echeverria, R. 2003).
"La crisis temporal de hoy no pasa por la aceleración. La época de la aceleración ya ha quedado atrás. Aquello que en la actualidad experimentamos como aceleración es solo uno de los síntomas de la dispersión temporal. La crisis de hoy remite a la disincronía"
(Chul-Han, B. 2015).

Desentrañar las propiedades y características que definen al 'Sujeto' neoliberal en la sociedad actual es el propósito de este Capítulo. La subjetivación de la naturaleza del 'Sujeto' neoliberal ha sido acompañada por la configuración de lo fingido, lo falso, lo imaginario y lo hiperreal que se implanta en la conciencia de cada individuo por el neoliberalismo que nos ha caracterizado. Es así como el 'Sujeto' neoliberal se descubre, esto es, se observa a si mismo más que como un ente como una cosa u objeto. El 'Sujeto' se concibe, por consiguiente, como una especie que tiene ante sí un horizonte significativo desde el cual toda realidad es revelada como una parte sustancial de su propia esencia humana. En este contexto, la subjetivación e interpretaciones de las realidades proporcionan una construcción y definición sociocultural de la identidad de

14

su Ser interior como 'Sujeto' neoliberal para protagonizar sus actuaciones según su decisión y voluntad en cuanto a distinguir la realidad como objeto. El 'Sujeto' neoliberal es una propiedad intrínseca del conocimiento formado de argumentos y experiencias que emanan de la percepción de tres ecologías según Guattari (1989). Estas ecologías Guattari las llamó de la siguiente forma: 1) Ecosofía Social, 2) Ecosofía Mental y, 3) Ecosofía del Medio Ambiente. Al respecto, Guattari las define como sigue.

1. Ecosofía Social (Relaciones Sociales). La misma consistirá en desarrollar prácticas específicas que tiendan a modificar y reinventar formas de ser en la relación íntima de la pareja, de la familia, del contexto urbano y del trabajo.

2. Ecosofía Mental (Subjetividad Humana). En esta ocasión, como persona se verá obligado a reinventar la relación del 'Sujeto' con el cuerpo, el fantasma, la finitud del tiempo, los misterios de la vida y de la muerte. Se verá obligado a buscar antídotos, la uniformidad de los medios de comunicación masivos y sus telemáticas, al conformismo de las modas, a las manipulaciones de la opinión por la publicidad y sondeos.

3. Ecosofía del Medio Ambiente. Representa el principio específico de que todo es posible, lo cual incluye hasta las peores catástrofes en el proceso imperceptible en cómo evolucionamos. El equilibrio natural estará cada vez más cerca de las intervenciones humanas.

La idea central acerca de qué o quiénes somos, por consiguiente, surge de la subjetividad con la que el 'Sujeto' neoliberal crea su identidad en el medio social. A partir de aquí, el 'Sujeto' adquiere las características propias de una persona o de un grupo que permite distinguirle, que le define y lo diferencia de otras personas. La subjetividad es básicamente una propiedad que emana de las percepciones, argumentos y lenguaje de acuerdo con el punto de vista del 'Sujeto'. Por cuanto, estará influido por los intereses y deseos particulares sin dejar de pensar en las cosas que se pueden apreciar desde diferentes puntos de vista condicionados al campo de acción, a circunstancias históricas, políticas y culturales. Concurren Deleuze (1990) y Foucault (2017) que la subjetivación posee tres dispositivos sociales e institucionales normativos que ordenan este proceso. A estos efectos, los mismos son:

1) Dispositivo red; el cual se refiere a un conjunto heterogéneo que comprende discursos, instituciones, instalaciones arquitectónicas, decisiones reglamentarias, leyes, medidas administrativas, enunciados científicos, proposiciones filosóficas, morales y la relación entre los discursos.

2) Naturaleza de la red; tiene que ver con el vínculo que puede existir entre otros elementos comunes del discurso.

3) Acontecimiento; es el significado que se le asigna al termino.

De acuerdo con Foucault (2017) los discursos se hacen por la captura o pasajes experienciales de los individuos a lo largo de su vida produciendo formas subjetivas, inscribiendo una forma de ser. Esto se refiere a un conjunto de *praxis*, saberes e instituciones cuyo objetivo consiste en administrar, gobernar, controlar, orientar, dar un sentido que se supone útil a los comportamientos, gestos y pensamientos de los individuos. Por su parte, Deleuze (1990) ha indicado al respecto que la subjetivación es una construcción social que responde a cierto período, a una determinada época y relación social.

De acuerdo con diferentes autores de la literatura que se mencionan, el 'Sujeto' neoliberal de este Siglo XXI es objeto de procesos de separación de discursos, de inscripciones, registros, clasificaciones, adiestramientos disciplinarios y vigilancia (Laval, 2015). También se evidencia que vive en una aceleración que lo desorienta, pierde el sentido del tiempo y los acontecimientos son fragmentados sin rumbo ni trayectoria (Chul-Han, 2015). Por otra parte, la persona está, al mismo tiempo, clasificando en categorías toda vivencia o experiencias, es objeto de un discurso religioso, filosófico, político, se modela su cuerpo y su espíritu mediante técnicas de poder (Foucault,2017). Cabe distinguir que este proceso de subjetivación es la forma en que él o ella como persona se ve para sobrevivir, suceder o llegar a ser 'Sujeto'. A partir de la percepción de si mismo/a acerca de lo que es o no es que desde la perspectiva neoliberal el 'Sujeto' es llevado a conducirse a sí mismo según el discurso social espera que lo haga en una relación activa en la que tiene que adoptar formas de conducta, transformarse y reformarse a sí mismo. Esta dimensión activa de la subjetivación, según el discurso social, se confunde con la naturaleza misma de la subjetividad de sí mismo para conducirse en su relación como 'Sujeto' consigo mismo. Es de esta forma que el hilo conductor en la narración de la historia se ha perdido (Chul-Han, 2015).

Cabe destacar que el hilo narrativo histórico le provee sentido a la existencia social pasado, presente y futuro. En ese aspecto y de acuerdo con Chul-Han (2015), más que una narrativa histórica indica que el tiempo histórico indica que no conoce de un presente duradero y las cosas no persisten en un orden inamovible porque no remite el ir hacia atrás, sino que lleva hacia adelante, hacia el futuro que nos atrapa. Por consiguiente, el pasado y el futuro quedan descompensados de manera que es por su diferencia y no su semejanza lo que hace que el tiempo, entendido como cambio, proceso y desarrollo sea significativo. El presente no tiene ninguna sustancia en sí al representar solamente un punto de transición donde nada es, todo será y todo se transforma. La repetición de lo mismo deja lugar al acontecimiento. El movimiento y el cambio no generan desorden, por el contrario, produce un nuevo orden. Para este autor, la significación temporal proviene del futuro. Sin embargo, esta orientación de futuro genera una aspiración hacia adelante que también en el devenir del tiempo se traduce en aceleración.

La descripción ontológica que hace Foucault (2008a) del 'Sujeto' neoliberal construye la modalidad de las acciones individuales y la de los otros al vincularlas con ciertos enunciados a los cuales le atribuye el valor de la verdad mediante ciertas estrategias que son derivadas al aceptarlas como verdades. En lugar de establecer jerarquías entre los saberes, Foucault (2008a) expresa que las relaciones son mediatizadas por enunciados de verdad en relación con él mismo y con los otros. En este sentido el 'Sujeto' neoliberal no cuestiona la validez o legitimidad epistemológica porque se encuentra en una disincronía histórica y sistemática según sus causas y síntomas.

Por otra parte, Chul-Han (2015) menciona que al final del tiempo la duración narrativa no tiene por qué traer consigo un "vacío" temporal. Al contrario, señala que más que ese "vacío" da lugar a la posibilidad de una vida que no necesita de la teología y que a pesar de ello tiene su propio "aroma" el cual le otorga sentido a la existencia social e individual. De la misma manera, indica Laval (2015) que el 'Sujeto' ante la subjetivación del trabajo se define en función de aceptar ser lo que se quiere que sea, para saber cómo hacer lo que se desea que haga, para desear hacer lo se espera que él o ella haga y de esta forma se encuentra la nueva razón del mundo conducente a la ultra subjetivación existencial.

Respecto a la dialéctica del trabajo Chul-Han (2015) considera al 'Sujeto' neoliberal un **Esclavo** que lleva a cabo un trabajo forzado en pos de la mera supervivencia para encontrarse a sí mismo y que por medio de este trabajo se llega a la idea de libertad. Sin embargo, de igual forma alude a que el **Esclavo** se libera del dominio del **Amo,** no obstante, paga su precio al convertirse en **Esclavo** del trabajo. Por consiguiente, el dispositivo del trabajo abarca todo lo concerniente al **Amo** como al **Esclavo.** De este modo, surge una sociedad del trabajo en la que todos son **Esclavos** del trabajo, una sociedad de la actividad; donde todo tiene que ser trabajo y no existe ningún tiempo que no sea trabajar.

El dispositivo del trabajo desde la perspectiva del 'Sujeto' neoliberal hace que el propio tiempo trabaje. El trabajo reclama todas las fuerzas y actividades de la persona para sí. La acción de trabajar se presenta como un único hacer a los efectos de que todas las energías están asimiladas por el trabajo. Por consiguiente, todo tiempo libre del trabajo solo da lugar a un mantenimiento pasivo en el que el 'Sujeto' se recupera del trabajo para poder regresar a trabajar al renovar sus fuerzas nuevamente (Chul-Han, 2015). A estos efectos, el trabajo es un exceso indefinido del valor en sí mismo según expreso Marx (1959) y le llamó plusvalía. El 'Sujeto' confunde la autovaloración de sí mismo al internalizar que el/ella representa y es como su propio capital, esto es capitalismo financiero. El 'Sujeto' neoliberal es el 'Sujeto' capitalista atado a la ley del extra *plus* según descrito por Marx (1959) a finales del siglo XIX. Indicó Marx que esta concepción del 'Sujeto' era el excedente monetario originado por el trabajo humano presente en cualquier acción productiva maximizada.

En el capitalismo neoliberal, el 'Sujeto', está convocado a no resistirse a la intensificación de un trabajo. Este tiene que conformarse, transformarse y reinventarse para estar acorde consigo mismo y con los demás en una relación de **explotación**. A estos efectos, en un sistema de asignación de recursos escasos en el cual las personas, es decir, el 'Sujeto' está constantemente compitiendo y persiguiendo el logro de sus propios intereses. Por consiguiente, el 'Sujeto' como agente, y siendo parte del capital está provisto de mercancía y dinero, expresa sus preferencias, sus deseos y necesidades, sus demandas e intercambia dotaciones, productos y su trabajo.

El resultado de la interacción con el otro genera un sistema de precios que actúa como un sistema de señales para la coordinación de actividades sin que exista ninguna instancia que se ocupe en investigar quién o qué se quiere. Los precios del producto se convierten por esa vía, en un modo de transmitir información que obliga a producir sin considerar para quién y en qué cantidad. Nadie está interesado en satisfacer las necesidades de nadie, aunque al perseguir sus propios intereses se ve obligado a atender la demanda de los demás y debe hacerlo de modo eficiente porque de otra forma la competencia se encargará de expulsarlo.

El 'Sujeto' desde el marco competitivo, la distribución del producto social aparece vinculada con la aportación de cada uno. El empresario contrata trabajadores hasta que el costo de incorporar una unidad de trabajo adicional iguala el posible beneficio. De aquí que el ingreso del trabajador neoliberal parece relacionarse directamente con su aportación. En otras palabras, el buen orden social emerge de la acción de todos sin que sea el resultado de la voluntad de nadie (Ovejero, 1994). La concepción de sí mismo como trabajador no es la del sometimiento impuesto por el capital el cual dispone de la fuerza de trabajo; más bien provee desde el interior del 'Sujeto' la forma deseada de seguir todas las reglas sociales. Sin embargo, desde el momento en que el 'Sujeto' se impone a sí mismo una relación capital-trabajo establece consigo una relación de **explotación.**

La novedad del cómo funciona el gobierno empresarial neoliberal radica en su carácter general, transversal y sistemático que se fundamenta en la responsabilidad individual y el autocontrol (Laval,2015). La facultad de responsabilidad no se da por sentado, por el contrario, es resultado de una construcción producto de la internalización de obligaciones. Se trata de hacer que los individuos sean activos y emprendedores para forzarlos a ser libres en una nueva manera de hacer o trabajar bajo pena de sanción; por cuanto, resulta ser una mentira y una falacia en la realidad. La implementación de técnicas de auditoría, vigilancia y evaluación tienen como propósito el aumentar esta exigencia de control de sí mismo y del desempeño individual. Las tecnologías del "Yo" utilizadas por los expertos en eficiencia como son los administradores, están destinadas a conocerse mejor, guiar el desarrollo personal, gestionar riesgos y convertir a los individuos en expertos de sí mismo (Brunel ,2004).

Los círculos profesionales en las relaciones salariales, en específico, utilizan y manejan habitualmente técnicas especiales para prohibir, bloquear y desplazar con todo tipo de conducta moral y utilitarista que se opone al principio del placer y de la realidad. Estas técnicas comprometen al 'Sujeto' a trabajar para sí mismo y le convierte en un ser humano dirigido a competir, inmerso en una guerra comercial. Por cuanto, el proceso de subjetivación neoliberal es uno que tiene un valor económico tangible. Este proceso de valorización se relaciona y se vincula con las modalidades de evaluación financiera de las empresas y con la importancia propiamente del *good-will,* de lo impalpable, inmaterial y lo no cuantificable. Quiere esto decir que la valorización empresarial no tiene límites temporales ni sociales. Al ser una sociedad fluctuante donde las estimaciones de valor cambian constantemente todo ser humano se enfrenta de forma tangible e intangible con el hecho de que nada está dado; todo debe hacerse y rehacerse en un universo de riesgo. El valor social no depende de los derechos que todo ser humano recibe al nacer porque depende de los intercambios que durante su proceso de vida hace con los demás y depende de su capacidad para responder a la demanda con una oferta de mayor atractivo para desarrollar proyectos que sean fuentes de ingresos económicamente sustanciales. En síntesis, este proceso hoy día se conoce como empresarismo.

En el análisis de la vida personal del 'Sujeto' neoliberal es posible describirle como algo más que una cartera de activos financieros en los cuales invierte. Al respecto, Laval y Dardot (2013) consideran que el neoliberalismo le ha impuesto al ser humano, al 'Sujeto', una nueva razón de vida y de mundo, toda vez que hace de la competencia la norma universal de los comportamientos como mecanismo de gratificación para lograr la felicidad y la libertad en la existencia humana porque nada es sin la razón. Es de esta forma que el neoliberalismo corrosiona y erosiona hasta la concepción clásica de la democracia e introduce formas novedosas de sujeción que constituyen, para quienes las rechazan, un desafío político e intelectual. A esta racionalidad se abre la puerta a otro concepto que está en la idea de un futuro, del 'porvenir' como un modo de producción mediante la conducta de consumir, de comprar y acumular frente a una realidad que lleva a ir más allá de cualquier límite (Chul-Han, 2015). Este límite es exactamente la lógica normativa de lo ilimitado, la nueva norma que provee el empuje de ir más allá de todos los límites de hechos o circunstancias significativas.

Resulta necesario señalar que el hecho que se establezcan los límites, no significa que no existan más normas. Por el contrario, el cambio que se opera es que nos movemos a una sociedad con una forma de moral universal. Por consiguiente, la razón, la verdad, la palabra y lo que el hombre o mujer merece requiere respeto y no puede o no debe ser alterado o dañado en el universo de las normas de producción y de auto producción donde no se prejuzga el límite de la conducta. De igual manera, debe prevalecer en todas las áreas las consideraciones a toda gestión, incluyendo el cálculo de sus costos y la medición de los resultados. En otras palabras, el competir es la norma de toda conducta, es el principio para la operación en todas las instituciones.

Este cambio de paradigma ocurre en todas partes del mundo, por lo que es necesario entender y comprender que todos y cada uno de nosotros somos parte del escenario de una mega empresa y que cada uno debe conducirse como tal; esto es como una empresa según la lógica contable de la rentabilidad. En este sentido, el régimen de la empresa donde se aplica tal proceso de competencia sin límites para todo y entre todos destruye poco a poco todo lo que es parte de la lógica democrática. Quiere decir que el control de los comportamientos, la medición de habilidades en la escuela, el perfil de la población, la gestión de seguridad de los problemas sociales, las técnicas de evaluación en el trabajo se transforman, se convierten en mercancía incluyendo al individuo.

Laval y Dardot (2015) comentan que el 'Sujeto' neoliberal es una persona condenada a responder como consumidor a los cambios en los mercados, a las modas, sometido a trabajar al ritmo de la mercancía, las finanzas y los placeres que de estos mercados competitivos se generan. A esto añade Chul-Han (2015) que, por otra parte, el individuo es uno racionalizado, sin embargo, sus deseos constantemente agonizan destrozando el eros y el placer extremo que domina el alma. Esta forma de vida del 'Sujeto' neoliberal, que algunos llaman el individuo híper-moderno, es un ser híper-activo y ultra-reactivo sometido a la orden terminante de darse sin restricción al trabajo. Esta forma o estilo de vida conduce al ser humano a la auto **explotación**, en la que es incapaz de morir de vivir y que disfrutar el placer es algo efímero lo que le conduce a desbordarse en tanto como pueda ante la demanda y la competencia constante que el neoliberalismo genera (Laval y Dardot, 2015). El 'Sujeto' neoliberal es el fin de las

24

utopías, la pérdida del anhelo por el futuro y la concentración en el hedonismo de un presente transicional y efímero (Vergara Estévez, 2012).

Las sociedades al estar bajo la influencia de la modernidad que impone el neoliberalismo han perdido el presente por estar descompensado porque no hacen referencia a los procesos sociales históricos que tienen sus orígenes en Europa desde el Renacimiento con elementos como: la filosofía, la ciencia , la educación, la arquitectura, la literatura, la tecnología, el derecho, la política, la economía, el arte, la religión, los valores y tradiciones de Occidente, toda vez que resultan irrelevantes porque todo se transforma (Álvarez Terán (2019). Los hechos históricos que pertenecen al pasado y que constituyen el desarrollo de la humanidad desde sus orígenes hasta el presente han dejado de ser la tradición que permite entendernos en medio de un mundo con tareas asignadas. Lo máximo que se consigue del pasado es reservarlo en un museo o se le hace un monumento; con lo cual en ambos casos se permite continuar generando ingresos, aunque no pueden dar vida a lo que acaba siendo una pieza de un mausoleo (Pérez, 2009).

Pérez (2009) plantea que el ser humano está inmerso en una neofilía de amor por lo nuevo, **esclavizado** por la moda, el culto al cuerpo y la comida sana. De igual forma, sometido a los *liftings* para la pérdida de peso, el ejercicio físico, la obsesión narcisista por la salud, el aspecto físico y la longevidad. En este sentido, el autor expresa que en realidad este hiperindividuo ha perdido la fe en el futuro, sin embargo, no tiene anclaje en el pasado, es un neonato absoluto sin referencias válidas ni proyecciones ilusionantes. Añade que la vida humana se consume en la rueda de los placeres obsesivos que convierten su existencia en un eterno retorno de lo idéntico o circulo vicioso de comprar, gastar, consumir y vuelta a comprar. Por consiguiente, estamos en el reino de lo efímero, donde el ser humano no puede hacerse a sí mismo, ya no es 'Sujeto' de su existencia, más bien es 'Objeto' de las modas, la publicidad y la mercancía (Lyotard,1992). Este 'Sujeto' neoliberal precario, habita un mundo provisional, donde las satisfacciones son fugaces, el 'Ser' es transitorio, sin memoria histórica, encerrado en simples recuerdos, en la amnesia social del pasado y del futuro, dirigido a un encierro con un presente eterno que se torna en un tedio vitalicio, hastío existencial y languidez moral.

El 'Sujeto' neoliberal depende del mantenimiento duradero de un régimen de control de información de contenidos, transformando lo real en lo hiperreal. La sociedad neoliberal solo produce vértigo y fascinación. Las actitudes valorativas en el nuevo 'Sujeto' neoliberal como son la responsabilidad y la justicia, incluso la violencia circula solo como un simulacro ante la incapacidad de distinguir o separar la realidad de la fantasía. Es un medio para describir la forma en que la conciencia define lo que es considerado real en un mundo donde los medios de comunicación modelan y filtran de manera radical la forma en que percibimos un acontecimiento o experiencia (Baudrillard, 1978). En la sociedad de lo hiperreal, la imagen es la simulación que condiciona al 'Sujeto' neoliberal. El simulacro que caracteriza a la sociedad neoliberal impregna todos los niveles de la existencia. La implosión surge de la destrucción del significado y del efecto de la realidad debido a la precisión de los simulacros.

La imagen como simulación de las realidades sociales se generan a partir de los signos y modelos que la precede y buscamos consumir dentro del relativismo que se caracteriza por la individualidad. En efecto, el comportamiento del 'Sujeto' neoliberal en la sociedad está condicionado por la organización social y la política, las relaciones sociales, las instituciones sociales, la cultura según su tiempo y espacio, las costumbres, los mitos, los valores, las creencias, los rituales, la religión y el idioma. Las personas en la sociedad neoliberal buscan repuestas a través de una totalidad simulada que surge de los signos que demandan complicidad cultural en lugar de transmitir un contenido de y con significados. Ante esto, cabe destacar que los cuatro valores ontológicos, los del "Ser" en si mismo que refieren a la Libertad, Paz, Solidaridad e Igualdad son diluidos, falseados, reemplazados y hasta ignorados al estar condicionados por la organización social y política del momento que manipula y domina al 'Sujeto' neoliberal.

En la sociedad, el 'Sujeto' neoliberal está constantemente expuesto a infinidad de programas de noticias que utilizan toda la información como algo intercambiable, reduciendo todo a una sociedad de espectáculo mediatizada por imágenes manipuladas a conveniencia de un mercado siempre en abierta competencia. Las personas han dejado de relacionarse como realidades para pasar a conducirse como representaciones de las mismas cada vez de forma más abarcadora y extensa. La función real de los medios es transmitir la perspectiva general que reduce todo a lo superficial e ahistórico porque los signos son cambiantes según cambian los mercados. Los desastres pasados y presentes se neutralizan en una simple respuesta emocional y sensacionalistas. Todos los criterios humanistas de valor, desde lo que significa Libertad, Paz, Solidaridad, Igualdad, así como todo aspecto de moralidad hasta la verdad y la estética desaparecen porque el código neoliberal descansa en la indiferencia relativa, neutral e incierta que conduce al nuevo 'Sujeto' neoliberal a no resistir su propia **Esclavitud y explotación** impuesta por el mercado.

Estamos viviendo un colapso de lo que implica el verdadero significado social. El 'Sujeto' neoliberal se encuentra en una situación de crisis, en un estado fluido y volátil según la sociedad actual, esto es, sin valores demasiado sólidos donde la incertidumbre por la vertiginosa rapidez de los cambios ha debilitado los vínculos humanos según expuesto por Bauman (2003). Este autor acuñó el concepto de la 'modernidad líquida', el cual consiste en una ruptura con las instituciones y las estructuras fijas. En el pasado, la vida estaba diseñada específicamente para cada persona, quien tenía que seguir los patrones establecidos para tomar decisiones en su vida. A estos efectos, afirma que las personas en la sociedad neoliberal ya han conseguido desprenderse de los patrones y las estructuras y que cada uno crea su propia ética personal para determinar sus decisiones y forma de vida.

La sociedad neoliberal se fundamenta en el individualismo que, a su vez, cada persona que se desarrolla surge como producto del deseo, la seducción, la imagen, la superficie, el brillo, lo pornográfico, lo transparente, lo liso, lo relativo, lo incierto y flexible dado que es una forma de vida cambiante y efímera. En este sentido es que Bauman (2003) afirma que la modernidad se caracteriza por un 'neoliberalismo líquido' que conduce al 'Sujeto' directamente al individualismo y le convierte en algo temporal e inestable que carece de aspectos sólidos. Todo lo que tenemos es cambiante, con fecha de caducidad en comparación con las estructuras fijas del pasado. Esta actitud se ha convertido en una condición permanente del resultado y que ha sido maximizada. De modo que, de alguna manera, su recompensa y su complemento se traduce en una orden de gozar lo más que se pueda, pasarlo genial y exhibirlo como un espectáculo que evidencie un éxito total.

De acuerdo con Postman (2012), en este sentido la persona dirige su mirada a lo lúdico; al adjetivo que designa todo aquello relativo al juego, recreación, ocio según sea el medio al presentar todo mensaje que le provee entretenimiento y diversión como por ejemplo la televisión. Esta visión y actitud ha transformado drásticamente la política, la educación, el periodismo, la ciencia y la religión en la sociedad y en consecuencia al 'Sujeto' neoliberal. Según el autor, el principal error de la cultura del entretenimiento consiste en el hecho de que produce vastas cantidades de información sin ofrecer ninguna respuesta para la comprensión, toda vez que provoca la inutilidad de dicha información.

Por su parte, mencionan Laval y Dardot (2015) que la televisión comercial obliga a los espectadores en la 'sociedad liquida' neoliberal a tener una conciencia fracturada con su omnipresente siempre en el ahora. Todas estas descripciones y exposiciones pretenden demostrar el estado o trastorno del comportamiento del 'Sujeto' neoliberal contemporáneo. El nuevo 'Sujeto' neoliberal contemporáneo está cansado de ser en-sí-mismo, agotado por esta carrera hacia siempre querer y buscar más, inmerso en el sufrimiento de ser **Esclavo** del trabajo, la depresión generalizada, la erosión de la personalidad, la perversión ordinaria, la cultura de la desconfianza e incluso la de simbolización y los fenómenos psicóticos que mueven masivamente a la población.

El 'Sujeto' contemporáneo es producto, de alguna manera, de los dispositivos propios de la racionalidad neoliberal y la competencia generalizada mediante la cual aprende cierto número de técnicas para funcionar. En este sentido, Foucault (2008b; 2009) analiza la problemática de la subjetividad moderna, al 'Sujeto' capaz de encontrar la verdad de sí y de su interés central en el liberalismo. El liberalismo, desde el punto de vista de Foucault (2008b;2009), resulta de las alianzas que se hacen con las tecnologías para gobernar los sistemas políticos, económicos y sociales en función de la libertad que provee en lo que se quiere hacer, para lo que está interesado en hacer y lo que piensa hacer. Fundamentalmente el modo de gobernar es la estrategia principal del neoliberalismo para poder valerse, esto es, lo que los hombres y mujeres quieren y piensan hacer según la lógica de su interés y su deseo.

Davilo (2017) indica que el 'Sujeto' neoliberal se forja de la historia de Occidente a partir de una serie de tecnologías que habilitan una estructura subjetiva definida como interioridad la cual le lleva a la introspección de sí mismo, como a la autocontemplación. El 'Sujeto' moderno añade este autor, es forjado por la racionalidad neoliberal, está atravesado por un ethos crítico en el marco del cual puede problematizar lo que es, lo que hace y el mundo en que vive; toda vez que le permite pensar, actuar y ser de otro modo. Desde esta perspectiva, el 'Sujeto' neoliberal se fragua de la subjetividad moderna y en particular de aquellos rasgos que se articulan de la racionalidad gubernamental neoliberal. Este sujeto soberano puede conocer y conocerse, es la pieza central en la estrategia gubernamental del liberalismo. No obstante, al mismo tiempo funciona como punto de apoyo para revertir las tácticas neoliberales operadas en los últimos años (Davilo,2017).

Las tecnologías como conjunto de conocimientos y técnicas aplicados de forma lógica y ordenada, permiten al ser humano modificar su entorno material o virtual para satisfacer sus necesidades. Esto es, un proceso combinado de pensamiento y acción con la finalidad de crear soluciones útiles de sujeción interpeladas en su posibilidad de habilitar un espacio de acción para un sujeto ético que trabaja sobre sí y busca modelar una estética de su existencia a partir de su capacidad de interrogarse por lo que es y de decidir el presente. Por consiguiente, el 'Sujeto' responde a la demanda de lo que implica o efecto del desempeño total que le es impuesto y que trabaja como si viniera de él mismo. Laval (2015) plantea al respecto que estas prácticas discursivas han producido la figura del hombre/mujer-empresa o 'Sujeto' empresarial y han favorecido la puesta en marcha de sanciones, incentivos e implicaciones que tienen el efecto de producir un nuevo tipo de condiciones psíquicas.

La identidad del 'Sujeto' neoliberal ha quedado confinada a los intereses propios e individualistas de estructuras económicas según el discurso de las altas esferas políticas en los países occidentales que hasta el momento responden al paradigma capitalista. Sin embargo, este capitalismo se transforma en otro multicapitalismo que responde a las crisis que afectan los mercados mundiales y globalizados. Esta visión, si bien trata de reestructurar la sociedad, las empresas y las instituciones de servicio públicos y privados introducen mecanismos, relaciones y comportamientos de mercado que supone que los 'Sujetos' se conviertan igualmente en personas emprendedoras y en empresarios de sí mismos en función de nuevas formas de capital como son el intangible, el ecológico y el social (Costa,2021). Reiteradamente se confirma que el neoliberalismo es una manera de producir nuevas formas de identidad subjetiva, al mismo tiempo nuevas relaciones sociales creando estilos normativos en la concepción y subjetivación de identidad o del estatus que conlleva el principio del 'Ser' en el individuo - persona. Al respecto, Laval y Dardot (2015) concurren en que el neoliberalismo se caracteriza por un modo muy particular de subjetivación articulada.

Por su parte, Persky (1995) identificó al ser humano económico como *Homo economicus;* un término que define la aproximación o modelo del *Homo sapiens* como ente que actúa para alcanzar el bienestar más alto posible dada la información disponible respecto a las oportunidades y restricciones que confronte, sean estas naturales o institucionales y teniendo en cuenta su capacidad para lograr unos objetivos predeterminados. Por consiguiente, *Homo economicus* se considera racional en el sentido de que el bienestar, tal como se define en función de la utilidad es optimizado según las oportunidades percibidas. De acuerdo con el autor, este individuo trata de alcanzar objetivos muy específicos y predeterminados en la mayor medida o proporción posible y al menor costo posible o mínimo.

El 'Sujeto' neoliberal es la figura de referencia en la economía, así como en la política clásica y la cual establece como tendencia el que cada vez más se considera a toda persona como una maquina calculadora. El ser humano visto como un ente económico es el reflejo de una imagen ideológica o el efecto de la emancipación del capitalismo que es considerado una figura preexistente, una precondición que provee el discurso facilitador en cuanto al despliegue del utilitarismo capitalista (Laval,2015). El modelo neoliberal es una forma de vida o comportamiento, no solo representa una ideología o política económica. Este modelo plantea una forma de vida social que dirige al ser humano a que autogestione su comportamiento y dificulta la coordinación; así como la fusión con el grupo a los fines de mantener la conducta dentro de un rango establecido como correcto dirigido por el poder.

El neoliberalismo es una racionalidad, esto es, una lógica que dirige las prácticas del 'Sujeto' desde su propio interior y desde una simple motivación ideológica o intelectual. El neoliberalismo principalmente gobierna a través de ideologías, de la presión y desde el poder ejercido en los individuos mediante las situaciones de competencia que se crean a escala local y mundial. En este sentido, el neoliberalismo competitivo atraviesa todas las esferas de la existencia humana sin reducirse propiamente a la esfera económica sino a la lógica del mercado que se extiende a todas las esferas de la vida social de los individuos sin destruir las diferencias entre ellas (Laval y Dardot, 2013).

La identidad del 'Sujeto' neoliberal en el desempeño de su trabajo es sistemático y organizado. Además, parte del principio de una sociedad global donde determinados parámetros culturales son compartidos por la mayor parte de las sociedades a nivel mundial. Dentro de los patrones culturales del modelo neoliberal, el individualismo es uno de los principales valores que sustenta la tesis de homogeneización de los individuos y la exaltación de los intereses individuales establecen que no existe una sola libertad sino tantas libertades como individuos hallan en la sociedad. De modo que es posible concluir que al aceptar el neoliberalismo se apoya y se promociona el desarrollo del individualismo en la sociedad y que se podrá ver su efecto en todos los discursos que las personas generan en las instituciones.

El 'Sujeto' neoliberal occidental ha descubierto como ser humano hedonista que se mueve por intereses en un espacio homogéneo compuesto de fuerzas que surgen del mundo de la utilidad y del espacio de la utilidad. Este ser humano se dirige por las fuerzas que lo empujan al placer y lo hacen huir del dolor. El hedonismo tiene como principio u objetivo contemplar el placer y los bienes materiales como lo más importante en la vida. Este hedonismo es animado por múltiples deseos entre los seres humanos que, a su vez, están frente a estos o confligen con los deseos y castigos de otros seres humanos. De modo que este proceder en cada 'Sujeto' individual y colectivo es algo nuevo de acuerdo con la historia clásica conservadora. El neoliberalismo constituye, como tal, una revolución preocupante ante el cómo la generación actual reordenará la sociedad dentro de esta nueva concepción antropológica social.

La reordenación del 'Sujeto' en la sociedad neoliberal continúa escribiéndose según sus antecedentes utilitaristas. En los Estados Unidos de Norteamérica el neoliberalismo tiene sus fuentes en la marginalización social, en sus precursores o autores de un gigantismo empresarial y sus seguidores de origen europeo y estadounidense. El neoliberalismo en su lucha contra toda unidad colectiva ha llegado a la negación de toda cuestión social y en convertir hasta la política en un mercado de oferta y demanda. El vacío es ocupado por la sacralización del cálculo y una tiranía de la mayoría que disuelve el juicio personal. La práctica neoliberal separa al 'Sujeto' de su naturaleza humanista; una práctica que comenzó en el siglo XVIII de un modo constructivista. La práctica neoliberal separa el conformismo de la acción humana cuando se da cuenta que los intereses eran manejables, orientables, maleables y moldeables, esto es, gobernables. Por cuanto, se concibe la idea y la práctica de que no podríamos gobernar al ser humano por un interés generalizado sino gobernarle por su interés y por su deseo.

Acto seguido, el neoliberalismo fabrica al 'Sujeto', no solo por su interés y su deseo, sino que crea al 'Sujeto' del *performance* y del goce a través de dispositivos manipulables particulares como son las propagandas mediáticas. Señala Chomsky (2011) que las redes mediáticas llámense informativas, publicitarias, sensacionalistas pueden hacer más daño que una guerra y una bomba atómica porque destruyen el pensamiento discursivo del ser humano. El neoliberalismo no corresponde al pensamiento lógico porque el 'Sujeto' no es algo dado y constante por lo que se hace posible remodelarlo. Quiere decir que cuando el "Sujeto" no es algo dado, estable e inmóvil el gran sistema del mercado neoliberal con el discurso utilitario es suficiente para socializarlo y transformarlo. De aquí que el neoliberalismo se caracteriza por el discurso del ser humano en torno a la figura de la empresa. Esta nueva figura del 'Sujeto' productivo opera dentro de un pluralismo subjetivo donde la democracia liberal deja de subsistir. De esta forma, las técnicas y principios utilitaristas para la reforma de las instituciones contribuyen a fabricar el nuevo 'Sujeto' que es llamado 'Sujeto empresarial' o 'sujeto neoliberal'.

El modelo de producción del 'Sujeto neoliberal' es la empresa. Por consiguiente, es necesario comportarse, comunicarse y pensar como la empresa. El pensamiento y lenguaje tienen una gran importancia dentro de la psicología contemporánea y evolutiva. El nuevo 'Sujeto' neoliberal se ha convertido en su propio capital humano, donde la interpretación gerencial de lo humano está determinado por lo que piensa y se percibe en función de los intereses del capital. El 'Sujeto' neoliberal representa el modelo de la empresa porque al transformarse en la mentalidad empresarial y todas las cualidades morales y comportamentales que esto conlleva incluye la motivación por el éxito y el desarrollo del sentido de la oportunidad comercial lo cual requiere que la escuela desarrolle la cultura empresarial neoliberal desde el jardín maternal hasta el nivel educativo universitario conducente a la formación profesional del individuo.

En síntesis, el principio de competencia y competitividad característico de la sociedad neoliberal fundamentado en el capitalismo salvaje, del "sálvese quien pueda", es un punto decisivo que demuestra muy bien la ruptura con el estado benefactor. El papel de las instituciones educativas llamadas escuelas, colegios y universidad no sólo son un medio de preparar a cada 'Sujeto' para esta competencia. Estas instituciones educativas son una manera de reconfigurarnos y revisar las habilidades como revisamos un programa de computadora. Este es el papel, el rol del Estado y la política del gobierno en la actualidad. El proceso educativo desde la edad temprana de cada 'Sujeto' se orienta a introducir la competencia dentro del funcionamiento institucional público y privado para convertirlos en profesionales afectando o distorsionando su lógica en el cerebro y transformarlos mentalmente en usuarios de un mundo completamente competitivo.

Las organizaciones se convierten en estructuras donde cada empleado es una empresa de sí mismo la cual debe gestionarse como un centro individual de ganancia en abierta rivalidad con los demás. Su propio valor depende del valor individual en función de lo que produce y puede medirse mediante sistemas de evaluación cuantitativos; los mismos son generalizados y aplicados en el sector público, privado y en las asociaciones. Este es el 'Sujeto' que le damos a la sociedad de mercado global en su fase neoliberal. Es decir, se educa para sobrepasarse, **Esclavizarse, explotarse,** matar a otros en un mundo violento hecho a la imagen de los video-juegos que se les provee a los niños como diversión para excitarlos. No obstante, el nuevo 'Sujeto' liberal trabaja en conflicto consigo mismo ante sus inhibiciones en relación con los demás, sus escrúpulos, su vergüenza y su timidez; toda vez que confronten sus límites en la medida que les fueron impuestos en su infancia por instituciones como son la familia, la escuela tradicional y la religión consideradas represivas frente al neoliberalismo salvaje.

Referencias

Álvarez Terán, C. (2019). *Comunicación y transformación sociocultural SigloXXI.* Recuperado de alvarezteran.com, ar.

Baudrillard, J. (1978). *Cultura y simulacro.* Kairós. ISBN 84-7245-298-0. Barcelona.

Bauman, Z. (2003). *Modernidad liquida.* Fondo de cultura económica. España.

Brunel, V. (2004). *Gerentes de alma, desarrollo personal en los negocios. Una nueva práctica de poder.* Éditions La Découverte. Paris, Francia.

Costa, J. (2021). *Multicapitalismo.* Editorial Planeta. España. http://ethic.es >2021/03>juan-cast…

Chomsky, N. (2011). *Las 10 estrategias de manipulación mediática.* Recuperado de https://www.elblogdegerman.com/

Chul-Han, B. (2015). *El aroma del tiempo; Un ensayo filosófico sobre el arte de demorarse.* Editorial Herder. Barcelona, España.

Dávilo, B. (2017). Michel Foucault y la genealogía del sujeto moderno: Gobierno, libertad, verdad de sí. *Revista de Historia de las Ideas Políticas.* Ediciones Complutense, Madrid, España.

Deleuze, G. (1990). ¿Qué es un dispositivo? En Michel Foucault, filósofo. Editorial Gedisa. Barcelona, España.

Echeverria, R. (2003). *Ontología del lenguaje.* Comunicaciones Noreste. Chile

Ferreri, M. (2019). *Comunicación y transformaciones socioculturales siglo XXI.* En Álvarez Terán, C. (2019). *Comunicación y transformación sociocultural siglo XXI.* Recuperado de alvarezteran.com, ar.

Feuerbach, L. (1993). *Escritos entorno a la esencia del cristianismo.* Tecnos. Madrid, España.

Foucault, M. (2008a). *El gobierno de si y de los otros.* Fondo de Cultura económica Buenos Aires, Argentina.

Foucault, M. (2008b). Las palabras y las cosas. Una arqueología de las ciencias humanas, Siglo XXI, 2008 Buenos Aires, Argentina.

Foucault, M. (2009). *La arqueología de saber.* Editorial Siglo XXI. Madrid, España.

Foucault, M. (2017). *Poder, saber y subjetivación.* Alianza Editorial; Edición Madrid, España.

Guattari, F. (1989). *Las tres ecologías.* Editorial Pre-textos. Madrid, España.

Laval, C. y Dardot, P. (2013). *La nueva razón del mundo: Ensayo sobre la sociedad neoliberal.* Editorial Gedisa. Barcelona, España.

Laval, C. (2015). *Pensar con la Antropología.* Universidad Paris Ouest, Nanterre La Défense.Paris.

Laval, C. y Dardot, P. (2015). *Ensayo sobre la revolución en el siglo XXI.* Editorial Gedisa. Barcelona, España.

Lyotard, J. F. (1992). *La condición postmoderna.* Amorrortu, Bs. As; Buenos Aires.

Marx, K. (1959). *El capital.* Fondo de Cultura Económica. México.

Muñoz Mantilla, J. (octubre 11, 2016). El neoliberalismo en la axiología contemporánea y el gobierno de la revolución ciudadana. Publicado en *Capitalismo, Democracia, Economía y etiquetado Alianza País, Neoliberalismo Revolución Ciudadana.* Quito, Ecuador.

Ovejero. F. (1994). *Mercado, ética y economía.* Icaria. Barcelona, España.

Pérez, A. (2009*). La sociedad del escándalo. Riesgo y oportunidades para la civilización.* Recuperado de ttps://bernardoperezandreo.blogspot.com/2009/05 /el-individuo- hipermoderno.html

Persky, J. (Spring, 1995). Retrospectives: The ethology of homo economicus. *The Journal of Economic Perspectives*, Vol. 9, No. 2, pp. 221-231

Postman, N. (2012). *Divertirse hasta morir.* (3ra ed.) Ediciones de la Tempestad. Barcelona, España.

Vergara Estévez, J. (2012). *La utopía neoliberal y sus critica.* Polis, 6. Recuperado de http://Journal openedition.org/polis/6738.

Paradigma Epistemológico

Capítulo II: El paradigma epistemológico del nuevo 'Sujeto' neoliberal

CAPÍTULO II

El paradigma epistemológico del nuevo 'Sujeto' neoliberal

> *"La sed desenfrenada del lucro y
> las carencias de la forma de pensar son
> responsables de innumerables desastres humanos"*
> *(Morin, E.2020).*

Nos tenemos que preguntar cómo es posible que con tanta inversión de tiempo, disciplina de trabajo y capital para desarrollar una nueva razón de convivencia social todavía tomamos decisiones con respuestas de naturaleza catastróficas. Laval y Dardot (2013) plantean que a pesar de las consecuencias más catastróficas a las que han llevado las políticas neoliberales, estas son cada vez más activas hasta el punto de provocar que en la sociedad de muchas naciones en el mundo enfrenten crisis políticas y regresiones sociales cada vez más graves. Por consiguiente, este Capítulo propone un análisis de cómo se genera y se valida la epistemología del nuevo 'Sujeto' neoliberal.

La epistemología se entiende como la teoría del conocimiento. En particular se ocupa del estudio de las siguientes áreas: 1) qué es el conocimiento, sus límites y posibilidades (qué podemos saber, cuál es el alcance de nuestro saber y la posibilidad de lograr y alcanzar la certeza del conocimiento),   2) qué conocemos (lo real o la apariencia), 3) el objeto del conocimiento (qué es un objeto, qué o quién lo define) y, 4) la relación o relaciones entre el conocimiento y las circunstancias vitales del investigador, la historia, la cultura, el individuo e incluso sus proposiciones metafísicas (Díaz Genis y Camejo, 2014). A su vez, Foucault (1985) se refiere a la idea del paradigma epistemológico como la representación del mundo que le permite al ser humano tener un punto de referencia y de organización para establecer una forma de representarse a sí mismo según cómo el mundo y sus circunstancias se presentan y se representa.

Tengamos presente que al exponer y considerar en la configuración epistemológica del nuevo 'Sujeto' la racionalidad neoliberal está analizada en relación a tres ideas fundamentales: 1) Eficiencia (logro de los fines con el mínimo de recursos), 2) Eficacia (refiere al logro rentable de los objetivos y Calidad (implica el cociente de producción dentro del periodo considerado en relación a la percepción de satisfacción). Tales conceptos fueron originalmente acuñados por pedagogos estadounidense en los años '80 y '90 e incorporados en los currículos de preparación profesional. Los mismos están fundamentados en el eficientísimo industrial que se traslada al campo educativo y a las ciencias humanas al estar dirigidos a incrementar, maximizar la conducta productiva en el ambiente operacional y el clima emocional laboral entre el personal/empleados. De esta forma se vincula el interés individual y lo lúdico al consumo desde la perspectiva del pensamiento lineal que conecta mecánicamente al sistema educativo con el aparato productivo. Por consiguiente, todo proceso educativo está subordinado a los intereses de la industria y el mercado.

La educación del nuevo 'Sujeto' neoliberal visualiza al educando como capital humano. Cada ser humano representa para el sistema social un cliente, un consumidor, una inversión personal y colectiva la cual debe ser rentable en términos económicos. Es por cuanto, que la educación neoliberal importa e implanta ideas, métodos y prácticas del sector privado empresarial de modo que las instituciones educativas funcionen como una empresa (Diez Gutiérrez, 2018). No obstante, este tipo de educación neoliberal genera en los seres humanos la incapacidad de realizar un proceso de síntesis narrativa y temporal que converge en una crisis de identidad (Chul-Han, 2015). A estos efectos, la racionalidad epistemológica del ser humano ya no es capaz de reunir e integrar los acontecimientos a su alrededor. La dispersión y/o separación temporal de unos y otros destruye toda compilación provocando la crisis identitaria la cual dirige al ser humano a que no encuentre una identidad estable. Este efecto imposibilita el que se logre escuchar y analizar con sentido lógico y común en las personas. En otras palabras, el ser humano inestable y volátil, atraviesa constante e infinitamente de un acontecimiento a otro sin conseguir avanzar y sin llegar a un lugar estable. Este proceder solo puede ser interrumpido abruptamente cuando aplique su sentido lógico (Chul-Han, 2015).

Los programas pedagógicos para educar al ser humano están configurados, por lo regular, de acuerdo con organismos internacionales como lo son el Banco Mundial y el Banco Interamericano de Desarrollo. El efecto de estos organismos en la educación del ser humano acerca de la filosofía y la política dirige todos sus procesos al desarrollo de pensamientos dirigidos a la idea de que invertir mejor no significa invertir más, sino desarrollar aquellas áreas educativas y destrezas que demanda el mercado y considerar la educación como una empresa que debe demostrar su Eficiencia, Eficacia / Rentabilidad y Calidad. De este modo la educación pierde todo sentido formativo y se convierte en uno de naturaleza lucrativa.

El modelo educativo se traduce en uno tecnocrático acrítico, jerarquizado y dirigido al campo tecnológico en detrimento del humanismo ético y social. Este modelo, con énfasis en la tecnología, poco a poco reemplaza o elimina asignaturas como la historia, la psicología, la sociología, la filosofía y programas relacionados con el arte, la música, la educación física y la recreación. En particular, los deportes en ocasiones son considerados en el programa educativo dado que la práctica de los deportes tiene el potencial de llegar a ser lucrativo y entrar al sistema económico hegemónico. La educación se convierte definitivamente en una mercancía, en un medio de producción y una fábrica de recursos humanos neoliberales.

Desde la perspectiva del neoliberalismo el conocimiento es una mercancía y una inversión lucrativa. De modo que la privatización de todo tipo de servicio esencial o no para el ser humano es transferida a una gestión de mercado manejada por agentes privados, sean empresarios, instituciones religiosas u organizaciones no gubernamentales. Esta acción puede darse de modo directo, fomentando y promoviendo el desarrollo e incremento de las escuelas privadas y entre estas, las conocidas como las escuelas *Charter* que son financiadas con fondos públicos y administradas por personas de la empresa privada quienes necesariamente no son pedagogos. Estos administradores no tienen que cumplir con las reglamentaciones de las agencias del Sistema Público de Educación al aplicarle una administración privada.

La privatización de la educación en las escuelas crea un nuevo mercado de negocio a los efectos de que permite que los empleados que laboren y se desempeñen en éstas como educadores necesariamente no son educadores certificados en la carrera magisterial. Es por cuanto que, las escuelas privadas según el modelo de escuelas *Charter* genera o abre la puerta para empresarios, a sus amigos y, a personas sin la preparación magisterial necesaria a los fines de acumular ganancias económicas. Por consiguiente, la calidad de la enseñanza, del proceso educativo resulta en uno deficiente. Como se ha indicado reiteradamente, la conceptualización de la escuela *Charter* permite, en primer lugar, que los maestros que laboran en estos planteles educativos no tengan que estar altamente cualificados y certificados como los maestros que se reclutan en las escuelas del sistema público de educación. En segundo lugar, está muy claro que ese maestro de escuela *Charter* recibirá un salario menor y no tienen beneficios marginales, como por ejemplo, una pensión al momento de su jubilación, ni plan médico e incluso permanencia en la posición que ocupa entre otros beneficios marginales al que tiene derecho el maestro certificado por grado académico y cualificaciones según la especialidad o área de enseñanza. En conclusión, la calidad educativa es reemplazada por las ganancias económicas que en estos planteles educativos le generen al privatizador como empresario y dueño de la escuela *Charter* (Lara Fontánez, 2016).

De otra parte, además de afectarse la calidad educativa a ofrecerse a los estudiantes mediante el sistema de la escuela *Charter,* se abre la puerta al fraude, toda vez que están los fondos económicos otorgados por el gobierno al contabilizar cada estudiante matriculado. En este aspecto, cabe destacar que, en promedio, se ha demostrado que el éxodo y/o deserción de estudiantes que abandonan la escuela *Charter* al cabo de cinco semanas es de un 36% del total que exista en el momento. Sin embargo, la administración privada de la escuela *Charter* comete fraude al retener el dinero de estos estudiantes que se fueron definitivamente. Este proceso, al no transferir ese dinero a otra escuela o devolverse al gobierno se convierte en un esquema de corrupción. A su vez, estos empresarios que administran una escuela *Charter,* al utilizar los fondos púbicos libremente contratan múltiples asesores o consultores sin justificación alguna de acuerdo con los datos evidenciados en diferentes estudios realizados (Lara Fontánez, 2016).

De igual forma, en las escuelas *Charter* se invierte menos en la compra de materiales que en las escuelas del sistema público de educación. Otra situación importante y hasta alarmante es que los estudiantes no tienen un comedor escolar gratuito porque son reemplazados por la cafetería donde el estudiante tiene que comprar sus alimentos sin que estos alimentos estén supervisados por un nutricionista calificado. Entre otras condiciones o desventajas que tiene el sistema de las escuelas *Charter* es que tampoco los estudiantes tienen transportación pública, sino privatizada pagada por los padres. De igual forma, los padres tienen que comprar o alquilar los libros que usarán sus hijos. Además, al estudiante se les aplica el modelo empresarial en busca del máximo beneficio que desarrolla una moral pragmática, fomentando la competitividad y la ganancia individual que redunda en el estar en contra de nuestra naturaleza humana. Por todo esto, la enseñanza y el aprendizaje es meramente memorístico no es un aprendizaje práctico conducente al pensamiento analítico y crítico porque responde a datos cuantitativos que califican el rendimiento del estudiante fundamentado por las pruebas de aprovechamiento (Lara Fontánez, 2016).

El fin o propósito de la élite económica neoliberal al no interesarse en que el estudiante tenga libertad en su proceso de aprendizaje, desarrolla mano de obra hábil, acrítica barata y no la formación de personas de pensamiento crítico y con valores humanitarios universales. En síntesis, la crisis actual es parte de una era definida por una catástrofe pedagógica de indiferencia y una huida de cualquier sentido viable de responsabilidad moral. El 'Sujeto' neoliberal de esta época presenta un perfil de personalidad y actitudinal que está marcado por el desprecio, la debilidad, el racismo desenfrenado, la elevación de la emoción por encima de la razón, el colapso de la cultura cívica y una obsesión con la riqueza y el interés propio (Giroux, 2019a). Por demás está decir, una sociedad violenta en la que subyace y prevalece la Ley del más Fuerte.

La epistemología que caracteriza al 'Sujeto' del neoliberalismo promueve el desarrollo y el uso de conceptos que se transforman en un lenguaje educativo por uno de base estrictamente mercantilista e instrumental. De modo que "educar" se convierte en otro artefacto, un mecanismo más que facilita el manipular, controlar y sustituir la educación humanista y ética a la que se tiene derecho al ser administrada como una mercancía, como una inversión y como una empresa rentable. Además, el ser humano (estudiante) se percibe, es visto como un cliente y no como un fin. Esto es considerado como objeto, un recurso humano despersonalizado que se convierte en una pieza más de la maquinaria neoliberal.

El modelo neoliberal elimina el derecho a una educación humanista de calidad, critica y creativa a cambio de la dominación, manipulación, al lucro individual y de personas que controlan las industrias y el mercado. Por consiguiente, al reducir la educación a una simple mercancía resulta ser un objeto más para el consumo de quienes disponen de los recursos de capital financiero suficiente para comprar en los términos que ofrezca el mercado. En este sentido, la educación queda despojada de cualquier sentido de conocimiento formativo como se ha indicado y sustituido grotescamente por el sentido lucrativo. Por consiguiente, no perdamos de vista que la configuración de la educación neoliberal imparte un conocimiento tecnocrático donde se le adiestra hacia la formación profesional de mano de obra hábil pero acrítica. La misma está jerarquizada para referir a la acción a partir de la cual ordenamos, organizamos cosas siguiendo un determinado criterio y yendo de lo más a lo menos trascendente en detrimento de lo humanístico, ético y social.

Díez Gutiérrez (2018) concurre con lo expuesto en la literatura de referencia y reiteradamente señala que el neoliberalismo resulta ser un proyecto antisocial, antihumano y depredador del planeta el cual como modelo ha tenido consecuencias más negativas que positivas en la educación. A estos efectos, expresa de forma contundente que el 'cocimiento' de la educación neoliberal ha estado acompañado de una falsa libertad de elección porque comercializa la educación, fomenta valores materialistas que deshumanizan al ser humano en función del capitalismo financiero. En este sentido, señala el autor, que el neoliberalismo privatiza todo lo relacionado con los servicios, sean esenciales o generales y se apropia del conocimiento público para la construcción del 'Sujeto' neoliberal y la "Macdonalización" de la educación.

El concepto de "Macdonalización" de la educación es la culminación de un proceso en el que el objetivo del sistema educacional público y privado está orientado, no a una formación humanista, sino a formar personas dóciles y fáciles de persuadir y convencer de que se plieguen o se sometan al sistema imperante y a los objetivos que consisten en obtener el máximo de beneficios en el mínimo de tiempo requerido por la empresa. Razón por la cual, a largo plazo para todo imperio que quiera perdurar, el gran desafío consiste en "domesticar" las almas y transformar al ser humano en otra máquina de producción al menor costo posible para el empresario.

Díez Gutiérrez (2018) concurre, comenta y reafirma que el conocimiento y la enseñanza es vista como una práctica mecánica y tecnocrática para el desarrollo de una destreza dejando fuera el desarrollo las capacidades para el análisis crítico, creativo y reflexivo. El autor criticó severamente el sistema neoliberal. Añade que la educación debe ser considerada una práctica moral y política de acuerdo con la premisa de que el aprendizaje no se centra únicamente en el procesamiento del conocimiento recibido, sino en la transformación de ese conocimiento. Este proceso transformador, según Díez Gutiérrez, requiere ser parte de una lucha más amplia por los derechos sociales, la solidaridad y la construcción de un mundo más justo y mejor que permita el desarrollo de la calidad de vida y el bienestar de toda la sociedad y no solamente para la clase privilegiada, la élite neoliberal que controla los bienes de capital.

Plantea Díez Gutiérrez (2018) que el problema no es si la educación pública ha llegado a contaminarse con la política, sino que toda educación es ya de por sí un espacio de la política y del poder lo queramos o no. La neutralidad para establecer igualdad y equidad es un mito ante el interés de construir y controlar un servicio el cual se consolida mediante una visión ideológica determinada de la realidad, la cual mantiene el poder establecido y su reproducción. Esta norma obliga a cada persona a vivir en un universo de competencia generalizada conducente al desarrollo de relaciones sociales según el modelo del mercado que son aceptadas como normales. De modo que, las desigualdades, cada vez mayores, son justificadas las cuales progresivamente transforman a la propia persona que en adelante es llamada a concebirse y conducirse como una empresa; como un emprendedor de sí mismo

La conceptualización epistemológica del nuevo 'Sujeto' neoliberal capitalista no sólo destruye derechos humanos y civiles, es también productora de cierto tipo de manera de vivir, de otra forma de comprender el mundo y de un tipo de relaciones sociales competitivas de 'sálvese el que pueda' y, como señalase previamente, según la 'Ley del más Fuerte'. En definitiva, la subjetividad determinada en que el individualismo capitalista crea una persona - 'Sujeto'- egoísta, cruel e indiferente a todo lo que no le genere bienes materiales que para el 'Sujeto' neoliberal simbolice su felicidad. El neoliberalismo define un imaginario social marcado por una determinada normatividad afirma Diez Gutiérrez (2018). Por cuanto, son las instituciones escolares los espacios para conformar el consumismo y la mentalidad de los jóvenes con el fin de crear su propia sociedad anónima.

En otras palabras, la pedagogía neoliberal está compuesta de principios mercantilista, competencia y de consumo que se introducen en todo el sistema educativo. En este aspecto, el paradigma actual democrático ha repercutido en una "pedagogía de la ignorancia" que impulsa el colapso y la decadencia de forma negativa en la educación, la enseñanza y el aprendizaje. Esta forma de conocimiento, en conversación con la Dra. María Villeneuve Román (15 de julio, 2020) lo denomina como ".... una sociedad de 'Analfabetas Instruidos' que ostentan títulos universitarios y profesionales sin un real o sólido conocimiento que limita su capacidad para generar un pensamiento crítico y valores ético-morales humanísticos que atrofian el ser solidarios el uno con el otro y su entorno .... naturaleza y sociedad.... en el que se encuentran".

Giroux (2019b) propone una mirada crítica a la educación superior que se ofrece en la actualidad. Esta mirada incluye a sus administradores, a los académicos e intelectuales en los Estados Unidos de Norteamérica, a su gobierno neoliberal y el *establishment* que la promueve en general. De igual forma, es nuestra proposición a los administradores, académicos intelectuales en todos los niveles de enseñanza en este archipiélago puertorriqueño Borinkano. A estos efectos, indica Giroux (2019b), que la guerra del neoliberalismo contra una educación superior humanista invita a la reflexión de la realidad social y política a nivel mundial en la actualidad del siglo XXI. Según este autor, es imperante el análisis crítico y ponderado de nuestro propio sistema social y educativo en el que los valores tales como: responsabilidad social, civismo, sentido de comunidad y solidaridad con el bien común están muy ausentes.

La visión y planteamiento de Diez Gutiérrez (2018) y Giroux (2019b) coincide con autores como Commisso (2013), Goodman (2012); Uzuner-Smith y Englander (2015) quienes concurren en que la educación superior ha sido y es vista como una fuente de negocio para la nueva economía del conocimiento neoliberal que intenta formar al individuo como un "Sujeto" empresario competitivo y emprendedor. Por consiguiente, la educación en la universidad se reconstruye, prevalece y se justifica desde esta visión epistemológica mercantilista. En la opinión de Olssen y Peters (2005) el estado se coloca al servicio del neoliberalismo y de los intereses económicos del mercado. De modo que desarrolla y adopta leyes, normas e instituciones para configurar los nuevos valores del nuevo 'Sujeto' neoliberal como consumidor quien será educado para favorecer la competencia, la iniciativa individual, el interés personal por encima del interés colectivo.

Esta visión epistemológica subjetiva neoliberal anula por completo la capacidad socializante de todo análisis guiado por el sentido común porque se impone con fuerza el persuadir, disuadir para convencer de que es inevitable el control de la educación como la nueva razón de ser (Keller, D.B. y Keller, G., 2014). A estos efectos, la universidad y, en general, la educación, se convierte en el nuevo referente de la estrategia neoliberal (Darder, 2012). Por consiguiente, en la universidad la gestión educativa se dirige en aplicar micro técnicas de mercado del sector privado para toda gestión organizacional del sector público. Este proceso educativo reemplaza la ética del servicio público según las normas y valores derivados del supuesto de un Gobierno Benefactor dirigido al bien común o de interés público y se desarrollan una serie de normas y los nuevos valores de carácter contractual establecidos por el neoliberalismo (Olssen y Peters, 2005).

En el contexto educativo se utiliza al estado como instrumento hegemónico político, cultural y económico para el control del conocimiento al servicio de los valores neoliberales. En este sentido, Márquez (2017) indica que según Gramsci la hegemonía cultural se entendía como el domino o control en términos de la imposición en el sistema de valores, creencias e ideologías de una clase social económicamente pudiente y burguesa por encima de la clase social obrera económicamente vulnerable y desventajada. Por consiguiente, la clase social pudiente y burguesa es la que ejerce el control de las instituciones y de las formas de producción. Por otra parte, los procesos educativos neoliberales promueven los recortes en la educación superior pública y de educación básica. La educación básica es aquel tipo de enseñanza que está organizada en niveles del pre escolar hasta el grado doce que se imparte en instituciones designadas como escuelas. Estos recortes económicos no son un hecho aislado; forman parte de un programa de gobierno mucho más amplio que conocemos como los llamados recortes de austeridad que se están dando en los países de todo el planeta (Canaán, 2013).

Desde la perspectiva neoliberal, otro proceso importante en el nuevo contexto es que el estado se apropia de la globalización económica. De aquí que, quienes componen el estado desempeñan un papel puramente instrumental al servicio de los intereses del capital el cual es controlado por la clase burguesa económicamente pudiente. Por cuanto, dado este proceso, más allá de velar por los derechos ciudadanos y el bienestar social en general, el estado se encarga de garantizar y maximizar las oportunidades competitivas e iniciativas empresariales que, a su vez, incluyen la privatización de agencias de servicios esenciales que se ofrecen en el sistema público para el beneficio del sector privado (Loh y Hu, 2014). Este proceder, el cual controla la educación, persigue a todas luces la implementación de ideologías neoliberales con el fin de modelar un prototipo de capital humano altamente competitivo y puesto al servicio de una economía globalizada y dirigida al enriquecimiento de unos pocos en detrimento de la clase social obrera, vulnerable y desventajada económicamente (Furlong, 2013; Márquez (2017).

Resulta evidente que el neoliberalismo está proponiendo una nueva identidad como proyecto empresarial en el que el nuevo 'Sujeto' debe conducirse a sí mismos a lo largo de toda su vida con un sentido profundo de ser emprendedor y competitivo (Furlong, 2013). En las últimas décadas, de acuerdo con Du Gay (1996), el neoliberalismo ha ido construyendo esa nueva identidad epistemológica al cambiar las condiciones de la existencia en las personas y las organizaciones. Estas transformaciones están generando inquietud en los individuos a los fines de poder adaptarse rápidamente a la forma impersonal y competitiva que se establece en las organizaciones, al obligarles a ser más flexibles y receptivos a los cambios del mercado para ser más emprendedores.

En las organizaciones el personal administrativo, como resultado, se adaptan a condiciones de estabilidad y al anticipo relativo a los efectos de prevenir ser víctima del ambiente incierto provocado por la globalización. En este sentido, conceptos como producción, intercambio, distribución y consumo de bienes y servicios, incentivos, calidad del producto, crédito, servicios no estandarizados y persuasivos que ocurren dentro de la sociedad están definiendo todas las formas de organizarse. Por consiguiente, esto supone una nueva tecnología de comunicación y una cosmovisión epistemológica como portadora de las características para la construcción y desarrollo de la identidad personal y colectiva del 'Sujeto' neoliberal.

Garduño-Oropeza, Zúñiga-Roca, Rogel-Salazary y Aguado-López (2008) concurren en que la tecnología se asocia con la comunicación de conocimientos, técnicas y los dispositivos que posibilitan la aplicación del saber científico. Sin embargo, señalan que este proceso de comunicación tecnológica es uno controlado por un programa determinado que solo vincula la transmisión de información en una dirección, esto es, hacia el receptor (la persona) que comparte un mismo código. Por cuanto, la interacción humana entre emisor-receptor que permite el proceso de la retro-comunicación (*feedback*) entre la información y el conocimiento queda reemplazada y deshumanizada al proveerse mediante la tecnología. En este aspecto, se reitera que la conducta y las actitudes del ser humano solo como receptor de la tecnología se convierte en el 'Sujeto' neoliberal (el emisor) y transforma al receptor (ser humano) en un ente antisocial. Esta visión social del lenguaje, de la configuración discursiva como sistema histórico acentúa explícitamente el juego de poder que refiere a todo sistema de producción de bienes y servicios de capital siguiendo un orden lógico-teórico para masificar en todo momento las oportunidades competitivas y el beneficio económico según el mercado (Murillo Serna. 2014).

El enfoque discursivo mediante la tecnología de la comunicación se ha convertido en un campo de gran importancia en los textos escolares. En este aspecto, los contenidos epistemológicos escolares reproducen las posiciones de poder y privilegio (Bourdieu y Passeron,1970). El sistema educativo en este momento histórico neoliberal y de globalización inculca, transmite y conserva la cultura de las clases dominantes. De esta forma está contribuyendo a la reproducción de una estructura social de relaciones clasistas, prejuiciada y discriminatorias que enmascara y distorsiona la función social creando y legitimando la imagen o ilusión de autonomía y neutralidad.

Los funcionarios que administran los sistemas educativos sancionan una educación humanista y adoptan un sistema de hábitos y prácticas sociales burguesas y burocráticas. La enseñanza, por consiguiente, es dirigida para promover valores y normas culturales neoliberales como si fueran universales (Bourdieu y Passeron,1970). En este sentido la educación de las futuras generaciones se consolida en la cosmovisión virtual. De igual modo, se fundamenta en la ideología neoliberal, el tecnicismo, utilitarismo y el funcionalismo. A estos efectos, la escuela solo representa el aparato ideológico y el mecanismo principal para legitimar la reproducción social de sus intereses.

La gestión pedagógica neoliberal procura importar e implantar ideas, métodos y prácticas del sector privado empresarial en la organización. Por cuanto, las instituciones educativas del sector público deben cumplir con el propósito de que su funcionamiento cada vez más sea como una empresa comercial (Diez Gutiérrez, 2018). Al individuo neoliberal, también es posible describirlo mediante distintas características denominadas como 'Sujeto virtual'. A estos efectos, el 'Sujeto virtual' es uno que piensa, no es tonto, cree, tiene un deber, espera, huye, se alegra, se esfuerza, es impaciente, ama, está nervioso/a, ataca, desarrolla expectativas, siente alguna necesidad, se despierta, está estresado, tiene finalidades, padece, se angustia, reacciona con euforia, desea, es optimista, está de fiesta, goza de salud, digiere, tiene fiebre, enloquece, padece de esquizofrenia, tienen vértigo, siente apetito, se despierta, duerme, vota, es democrático y se encuentran en una zona constante y continua de turbulencia (Brenner, 2018).

En síntesis, es un 'Sujeto' individual y de ficción a quien no le interesan otros 'Sujetos' e implica la exacerbación de la audacia, la sagacidad, la meritocracia emprendedora y el consumo. Por consiguiente, tiene como apoyo las nuevas tecnologías de la comunicación y de la información obviando las condiciones materiales de existencia, de reproducción y producción de la vida (Brenner, 2018). Ese 'Sujeto' no es amante de la verdad, es uno que se subordina toda realidad a sus intereses de lucro y se hace participe de la posverdad. Al 'Sujeto' neoliberal, en última instancia, no le interesa qué es lo que se produce o el tipo de conocimiento que se produce, sino que el negocio de la enseñanza o del conocimiento produzca beneficios económicos para los inversionistas.

La verdadera enseñanza que busca el neoliberalismo con esta dinámica no es la adquisición, ni el ampliar conocimiento en matemáticas, el lenguaje, determinados valores o el pensamiento crítico. El problema de la pertinencia social del conocimiento o de la enseñanza, sus implicaciones sociales o éticas pasan a segundo y tercer lugar al quedar bajo el pensamiento único del beneficio individual y de la rentabilidad en la apropiación privada de todo tipo de recurso (Blasco y Rodríguez, 2002). Estas dinámicas también forman parte del Currículo Oculto; ese currículo que no se ve, el que se da por el supuesto de que todo se compra y todo se vende, que hay que competir, que la enseñanza o el conocimiento son una mercancía que no tiene nada que ver con derechos sociales individuales y colectivos. El principal objetivo del Currículo Oculto es perpetuar de forma implícita un conjunto de conocimientos que no resultaría correcto tratarlos de forma explícita a través del discurso educativo. El Currículo Oculto es uno no escrito, no verbalizado, sino que es uno sutil y subliminal según percibido a través de acciones informales establecidas que influencian la formación de los estudiantes tanto o más que el Currículo Oficial. No obstante, el Currículo Oculto posiciona la escuela en el sistema de poder para el alineamiento de una clase social determinada, así como para la defensa de una raza, de un género, de una cultura o de una religión por encima de las demás.

La epistemología que sustenta el neoliberalismo, indica Fernández Jopia (2015) fue creada a contrapelo de la realidad. El autor expresa que los estudios en las ciencias sociales no son hechos físicos, más bien han sido formados a partir de categorías de nuestra forma de pensar. Ante esto se puede decir que las leyes económicas no son reglas empíricas, sin embargo, suponen ser independientes y neutrales. Argumenta Fernández Jopia (2015) que el método epistemológico neoliberal utiliza para su coherencia la concepción individualista que niega todo lo colectivo. Mediante esta lógica las extensiones globales son la respuesta del comportamiento económico individual de familias y el de las empresas. El neoliberalismo se adjudica asimismo como un pensamiento necesario y para esto el precio o el costo de un bien está directamente relacionado con lo que la gente hace. De esta forma, el neoliberalismo está en directa sintonía con lo que la gente hace y piensa. Concluye el autor que la existencia de jóvenes que se desempeñan en alguna posición de trabajo en las horas en que estudian no es un problema social, sino una realidad del mercado.

El neoliberalismo trajo consigo un incremento en las desigualdades y mayormente en la desregulación del mercado por parte del estado como gobierno (Fernández Jopia,2015). Esto último no es casual, más bien es el enunciado principal para la instalación del nuevo modelo que se coloca como el actor más relevante en la política económica mundial (Hayek (2008). Al respecto, indica Hayek (2008) que existen materias donde los que gobiernan el estado le compete actuar. Al respecto señala este autor, que todos los incumbentes a cargo del gobierno deben preocuparse por encaminar sus acciones en la dirección acertada, de modo que deben limitar su proceder a facilitar el desarrollo de las fuerzas espontáneas del mercado.

La minimización del rol del gobierno estatal que se hace en una sociedad neoliberal y en la economía trajo consigo un retroceso en las políticas públicas, en específico, en la educación, la salud y en todas aquellas áreas de beneficencia social. En los sectores que no practican o no son partícipes del neoliberalismo se ha logrado apreciar a largo plazo la incompatibilidad del capitalismo y la visión en sus políticas sociales individualistas del mundo. El rol económico neoliberal como centro hegemónico genera una mano invisible que controla y regula los distintos escenarios sociales que finalmente resulta en un proceso cada vez más demoledor. De manera que, el imponer un desarrollo de un mercado de bienes y servicios neoliberal para el crecimiento y generar empleos durante las últimas tres décadas, resulta ser una experiencia nefasta ante la evidencia observable y cuantificable del empobrecimiento social de la clase obrera y de los más vulnerables del sistema que, definitivamente contrastan con la edad de oro del capitalismo keynesiano. Por otra parte, el resultado es aún más demoledor dado el aumento de las desigualdades a escala nacional e internacional (Recio Alber, 2009). En conclusión, el sistema neoliberal afecta directamente las políticas sociales, generan crisis cuando este sistema crea y fomenta más y mayores desigualdades.

Referencias

Blasco, C. M y Rodríguez, J.G. (2002). *La Educacion en el contexto neoliberal.* Recuperado de www.humanas.unal.edu.co

Bourdieu, P. y Passeron, J. C. (1970). *La reproducción.* Minuit. Paris.

Brenner, M, A. (2018). *Existen diferencias sutiles entre sociedad del conocimiento y sociedad de la información, las que aquí no detallamos.* Recuperado de https://www.alainet.org/es/articulo/191417

Canaan, J.E. (2013). Resisting the english neoliberalising university: What critical pedagogy can offer. *Journal for Critical Education Policy Studies*, Vol. 11 No. 2, pp. 16-56.

Chul- Han, B. (2015). *El aroma del tiempo; Un ensayo filosófico sobre el arte de demorarse.* Editorial Herder. Barcelona, España

Commisso, G. (2013). Governance and conflict in the university: The obilization of Italian researchers against neoliberal reform. *Journal of Education Policy*, Vol. 28 No. 2, pp. 157-177.

Darder, A. (2012). Neoliberalism in the academic borderlands: An on- going struggle for equality and human rights. *Educational Studies*, Vol. 48 No. 5, pp. 412-426.

Díaz Genis, A. y Camejo, M. (2014). *Epistemología y educación articulaciones y convergencias.* Espacio Interdisciplinario: Universidad de la República Montevideo, Uruguay.

Díez Gutiérrez, E. J. (2018). *Neoliberalismo educativo.* Editorial Octaedro. España.

Du Gay, P. (1996). *Organizing Identity: Entrepreneurial governance and   public management.* In Hall, S. and Du Gay, P. (Eds.). *Questions of   Cultural Identity.*SAGE Publications. London, pp. 151-169.

Fernández Jopia, C. (2015). *Neoliberalismo: Herramienta principal en la construcción   del actual Estado.* Edición Chilena. LE Monde diplomatique. Chile.

Foucault, M. (1985). *Las palabras y las cosas.* Paidós. Barcelona.

Furlong, J. (2013). Globalization, neoliberalism, and the reform of teacher   education in England. *The Educational Forum,* Vol.77, pp. 28- 50.

Garduño-Oropeza, G; Zúñiga-Roca, M.F; Rogel-Salazary, R y Aguado-López, E. (2008). *La epistemología de la comunicación en Michel Serres.* Cintamoebio n.31 Santiago mar.

Giroux, H.A (2019 a). *Defender que la educación tiene que ser neutral,es decir, que nadie debe rendir cuentas de ella.* Recobrado de lab.cccb.org henry Giroux. defender-que-la-educa

Giroux, H.A. (2019 b). *La guerra del neoliberalismo contra la educación superior.* Editorial Herder. Barcelona. España.

Goodman, R. T. (2012). The new taylorism: Hacking at the philosophy of   the university´s End. *Policy Futures in Education,* Vol. 10 No. 6, pp.665- 673.

Hayek, F. (2008*). Los Fundamentos de la libertad.* Unión Editorial. España.

Keller, D. B. and Keller, G. (2014). Politics and transformation: Critical approaches toward political aspects of education. *Policy Futures in Education,* Vol. 12 No. 3, pp. 359-369.

Lara Fontánez, M.E. (2016). Neoliberalismo en la educación. *Bandera Roja Magacín,* Núm. 3 Año 2.

Laval, C. y Dardot, P. (2013*). La nueva razón del mundo: Ensayo sobre la sociedad neoliberal.* Editorial Gedisa. Barcelona, España.

Loh, J. and Hu, G. (2014). Subdued by the system: Neoliberalism and the beginning teacher. *Teaching and Teacher Education,* Vol. 41, pp. 13-21.

Morin, E. (2020). *Vivimos en un mundo incierto y trágico.* Recuperado de www.milenio.com.

Márquez, A. (2017). *Antonio Gramsci y el nuevo orden: Hacia la creación de una nueva hegemonía.* Edición Autografía. Rio de Janeiro.

Murillo Serna, R.O. (2014). Condiciones de producción y efectos del discurso político. *Investigaciones Sociales,*5(8),151-193. https://doi.org/10.15381/is.v5i8.7472

Olssen, M. and Peters, M.A. (2005). Neoliberalism, higher education and the knowledge economy: From the free market to knowledge capitalism. *Journal of Education Policy,* Vol. 20 No. 3, pp. 313-345.

Recio Andreu, A. (2009). La crisis del neoliberalismo. *Revista de Economía Crítica.* Departamento de Economía Aplicada de la Universidad Autónoma de Barcelona, España.

Uzuner-Smith, S. and Englander, K. (2015). Exposing ideology within university policies. A critical discourse analysis of faculty hiring, promotion and remuneration practices. *Journal of Education Policy*, Vol. 30 No. 1, pp. 6

`

Ética neoliberal
Capítulo III: La ética en el Neoliberalismo Contemporáneo.

CAPÍTULO III

La ética en el Neoliberalismo Contemporáneo

> *"...la vida de la modernidad tardía es una vida sin creencias, condenada a la desolación, porque se vuelve efímera, que la convierte en una vida desnuda. Cuando la vida queda desnuda, la vida se convierte en el principal problema, porque al vivir en aislamiento, el sujeto sólo puede preocuparse por sí mismo y procurar una vida sana" (Chul-Han, 2012).*

En la sociedad neoliberal se afirma que es la persona, como individuo el/la que tiene el poder para guiar su propio destino. Sin embargo, las personas en esta sociedad se caracterizan por ideologías blandas, relativas y establecen sus bases en una ética contemporánea avalada por la posmodernidad. De manera que se hace un llamado a la formulación de dudas acerca de las verdades absoluta en las religiones, la ciencia que coloca el dogma en un alto sitial para adoptarle como una verdad absoluta sin demostración alguna (Muñoz Mantilla, 2016). Esta nueva visión posmoderna abre la puerta al caos social que es apoyado por las clases sociales dominantes, hegemónicas, económicas, militares y políticas que controlan a la población.

Por otra parte, estas sociedades, aunque no deseen el control por parte de la nación/ gobierno o de un grupo de naciones resulta pertinentes el preguntarnos: ¿Por qué ocurre y surge o se formula en el neoliberalismo contemporáneo un proceso ético que avala el adquirir el control donde todo es válido, cuando la ética es una doctrina filosófica que estudia la moral para establecer lo bueno y lo malo como fundamento para vivir armoniosamente en la sociedad? Cabe destacar que la ética como disciplina, también llamada filosofía, está orientada a estudiar la actuación moral del ser humano en la sociedad y, a estos efectos, se ocupa de reflexionar seria y profundamente acerca del comportamiento moral de los seres humanos y sus implicaciones en la vida social que le caracteriza. Por cuanto, resulta ser una dicotomía entre lo que se dice, se enseña y la realidad que se ejerce.

La moral forma los juicios entre lo virtuoso y lo deshonesto de la acción humana, la bondad y la maldad, lo que es bueno para mí como persona y para nosotros como comunidad e igualmente lo que es correcto y justo en las relaciones con los otros. No obstante, independientemente de los bienes que cada uno se proponga alcanzar como fin el neoliberalismo contemporáneo marca la conducta del hombre y la mujer en la sociedad. Quiere decir, que estas conductas o comportamiento se llevan a cabo de acuerdo con el interés individual guiado por las creencias e ideologías adoptadas como verdades absolutas; toda vez que justifican sus comportamientos. A estos efectos, recordemos que los términos de ética y moral concurren en un significado etimológico filosófico como todo aquello que se refiere al modo de ser o el carácter adquirido como resultado de poner en práctica unas costumbres o hábitos considerados buenos.

Indica De Zan (2004) que según el cambio social como resultado del neoliberalismo, la ética contemporánea regula la conducta humana en la posmodernidad la cual atenta contra valores universales como el derecho a una vida, en paz e integra, a la libertad de movimiento y pensamiento, igualdad y solidaridad que requiere para respetar la propiedad como patrimonio de los seres humanos. En otras palabras, el autor plantea que el individualismo ejerce dominio en cada ser humano, esto es, de su cuerpo y todo lo que éste realiza o produce durante el proceso de su desarrollo individual y colectivo. Al respecto, Cajal (2020) señala que el correcto funcionamiento de las sociedades y los grupos dependen del establecimiento de normas comunes de conducta que favorezcan la convivencia social. Estas reglas deberán corresponder al modo en que las personas deben desarrollarse en función de un bien comunitario sin menoscabar la participación de otros. En conclusión, se trata de un lineamiento social cimentado en el principio de la moralidad y el buen proceder según ha sido establecido por escrito y que mediante la interpretación del derecho se crea lo que se denomina Código de Ética.

Lo anterior nos delimita a las causas que determinan la existencia y la forma de actuar de una persona. Desde esta perspectiva, se hace necesario aplicar la reflexión ética porque el modelo neoliberal en las políticas económicas y sociales afectan la calidad de vida del ser humano. Valencia Quintero (2020) formula la siguiente pregunta y cito; " ¿Dónde vive el Ser humano? ¿En la naturaleza o en la historia"? El autor responde que el ser humano de vivir "…. en la naturaleza se rige por la necesidad y ésta no tiene ética …." y que de vivir "…. en la historia su mundo es el de la libertad y allí la ética tendría sentido". A estos efectos, de acuerdo con Valencia Quintero (2020) el equilibro entre 'la libertad y la no libertad' representa un dilema en el que cada ser humano debe decidir porque al no decidir entre 'la libertad y la no libertad' el establecer un orden es imposible. De manera que, la alternativa es absoluta cuando se llega a los extremos económicos que rigen a las sociedades neoliberales que dirigen y obligan a "la no libertad" sino que obliga a actuar y decidir según la "necesidad" que conlleva la supervivencia personal (individual); por consiguiente, supone que en un estado de 'necesidad' de esta persona 'la ética no tiene sentido' según el autor.

El dilema de qué decisión ejercer conduce a que nos formulemos otra pregunta: ¿Qué prefiere el ser humano, la ética que se desarrolla del capitalismo neoliberal absoluto o la ética en función del bien social y comunitario? Esta es la gran pregunta acerca del concepto de libertad y la moral desde la perspectiva del derecho según el Contrato Social postulado por Juan-Jacobo Rousseau (2003) quien planteó que el ser humano nace bueno y la sociedad lo corrompe. Por otra parte, señala Aguilar (2016) al respecto que la posición y postulado de John Locke según el concepto de Tabula Rasa es que el ser humano nace sin conocimiento y es la sociedad quien lo genera con el tiempo. Desde este postulado la libertad y la moral quedan subordinadas a la facultad de razonar. A su vez, Jean-Paul Sartre (2013) indicó en cuanto al derecho, que el mismo implica libertad para hacer, aunque señaló que el derecho de una persona termina cuando empieza el derecho del otro/a. En este aspecto, pensar y obrar según la voluntad de la persona constituye la médula de la doctrina liberal. Entre las medidas que caracterizan este modelo económico se destaca: la liberación del comercio, el libre mercado, férreas políticas fiscales, flexibilidad en la legislación laboral, políticas monetarias anti devaluatorias y la privatización de las empresas públicas.

Marx (1977) estableció que la libertad solo es real cuando se contextualiza en los procesos económicos. En otras palabras, toda libertad tiene un precio, por lo que cada individuo tiene un precio y tendrá tantas libertades como las que esté en condiciones de pagar. Estas libertades básicas del proceso económico evidentemente no existen para todos. Por el contrario, existirán solo para unos pocos privilegiados que constituyen la clase empresarial. Sin embargo, el ser humano considera que se debe vivir en o con libertad y que no se puede vivir sin libertades. No obstante, el sistema neoliberal establecido por la clase social dominante manipula este concepto para insertarlo en formatos constitucionales como un señuelo detrás de los cuales se condiciona la conducta y se amolda masivamente a la población; toda vez que controla la libertad del ser humano.

Desde la perspectiva teórica y método de análisis socioeconómico de la realidad y la historia, el marxismo adopta una visión dialéctica de la transformación social y análisis crítico. Por cuanto, se establece que el derecho no es dado y que surge de la vida social que está en defensa de los intereses de la clase dominante empresarial. En otras palabras, el derecho realmente no existe para las clases trabajadoras. Quiere esto decir, sin lugar a dudas, que las personas que dirigen el Estado solo les interesa la protección de los derechos de una clase privilegiada empresarial en menoscabo de la vida del 'Esclavo', esto es, el trabajador para que no cese su **explotación**

(Marx,1977). Desde el punto de vista ético, se hace vigente que mientras la clase empresarial vive en "la historia, conoce la libertad y la ética", la clase trabajadora vive en la "naturaleza que conoce la libertad" por estar controlada y condicionada por el mundo de la "necesidad" donde la ética adolece de sentido (Valencia Quintero, 2020). Sin embargo, en la sociedad neoliberal la clase dominante del momento o época impone sus derechos y establece lo ético y moral según su visión.

Desde esta perspectiva, la pregunta obligada es: ¿Cómo hablarle de ética a quien tiene el estómago vacío? Según la visión marxista la ética, en este sentido es un producto del cual esta clase trabajadora no puede disponer y que solo es utilizada por la clase alta privilegiada y la clase empresarial. Ambas clases sociales, privilegiadas y empresarial, según el modelo neoliberal y sus políticas económicas y sociales entienden y consideran como bueno y ético convertir la obligación estatal de los servicios públicos en fuentes privadas de lucro. Por consiguiente, se ocupan de reducir los salarios, generar desempleo, cerrar empresas, reducir el Estado, abrir las fronteras del país a los productos de otras potencias económicas, cerrar hospitales, escuelas sin considerar los resultados y efectos para la mayoría de las personas que componen la clase trabajadora del planeta.

El fundamento ético se desarrolla de dos concepciones de mundo acerca de la "necesidad" por una parte, de la libertad la cual es una proyección de la elemental dicotomía cartesiana "Pienso, luego Existo" según el postulado de Descarte (1980). Por cuanto, este planteamiento implica que el ser humano al darse cuenta y estar consciente de su actividad mental y pensamiento comprende que existe. Ese pensamiento es lo que le asegura que está vivo, que "existe-en-el-mundo" y que es una verdad indiscutible porque todo aquel ser humano que no piense, no existe y solo es o fue una forma de conciencia social. Este tipo de racionalismo ha sido considerado como el logro máximo de la cultura y la civilización al plantear de igual forma que "existir – en – el mundo" conduce a dilucidar qué es lo bueno y lo malo, qué es lo ético y lo digno para unos y otros; esto es en este contexto, las diferencias de clase entre la privilegiada y la obrera / trabajadora.

Menciona Kant (2012) quien especuló a profundidad el significado de lo ético, que el mejor fundamento entre todos los postulados éticos fue y ha sido el concepto que define la dignidad humana. Esta concepción filosófica considera al ser humano como centro de todas las cosas y el fin absoluto de la creación desde siempre y que al salir de la cosmología se incrustó en la ética que procura reconocer y respetar la llamada socialmente una "vida digna". Por cuanto, es de esperarse que cada ser humano logre satisfacer sus necesidades básicas. Sin embargo, nos hacemos las siguientes preguntas: ¿Qué son las "necesidades básicas" para el ser humano?; ¿Para cuál ser humano; el de la clase social privilegiada y empresarial o para la clase trabajadora y desventajada económicamente?

Ciertamente, lo ético, así como el concepto de la "dignidad humana" en el 'Sujeto' liberal o neoliberal, tiene una existencia precaria al dirigir al Estado hacia la clase privilegiada y empresarial con la apertura económica mediante la privatización del capital. En función de este proceso, reduce significativamente el tamaño del Estado dado que el neoliberalismo busca que la burocracia oficial o tradicional se reduzca y construye lo que implica un monopolio controlado por los grandes intereses. En cuanto a la apertura económica, el neoliberalismo busca insertar los mercados nacionales en un mercado mundial regido por las libertades económicas, es decir, predica que las importaciones y exportaciones operen sin restricciones regidas según sea la oferta y la demanda. En otras palabras, en un mercado competitivo donde el que más tiene más gana y se dirige a desplazar a las pequeñas empresas locales y condicionar a la clase trabajadora como servidores de los grandes intereses de la clase privilegiada y empresarial. Por consiguiente, lo reduce a la vida del 'Esclavo' según plantea Marx (1977). De modo que su valor está regulado por su eficiencia y rentabilidad para los que controlan el capital y el mercado. Además, los conceptos éticos y de dignidad, como se indica, son ajustados al ser humano según la clase social en que se encuentra: la clase privilegiada y empresarial o la clase trabajadora "Esclava" y explotada.

Resulta innegable que el neoliberalismo opera mediante la privatización y busca, a su vez, cancelar el concepto de los servicios públicos a cargo del Estado. Como resultado utiliza e implementa formas, estrategias, técnicas y mecanismos por varios caminos hasta alcanzar su objetivo. Esto es, por ejemplo, se genera el desempleo, la quiebra de las empresas no competitivas internacionalmente, propicia el "*dumping*" en el mercado y las crisis en el Estado. En este aspecto, cuando las autoridades que dirigen el Estado no tienen a su cargo los servicios llamados públicos, de primera necesidad para los pueblos, la reflexión debe conducir al análisis y cuestionamiento acerca de, ¿qué hacen las autoridades que dirigen el Estado cuando el mismo fue creado para prestar servicios y éstos pasan a ser un negocio privado controlado por los dueños del capital? Entonces, ¿de qué y para qué sirve el Estado; a quién le sirve?

Es de esperarse que las estructuras de gobierno que configuran el Estado surgen para garantizar la vida, la libertad, la propiedad privada y la igualdad de todos los seres humanos ante la ley según ha sido planteado por John Locke, Juan Jacobo Rousseau, Jean Paul Sartre, entre otros filósofos y teóricos en el tema de la libertad y el derecho del ser humano. No obstante, contrario a este principio, Marx (1977) desvela la realidad y demuestra que los seres humanos no son iguales ante la ley; toda vez que implica la doble vara para juzgar y aplicar el Derecho a un trato igual para todos los seres humanos. De modo que, al no tratarles como iguales resulta ser una injusticia en consecuencia de las doctrinas de las políticas del exterior/extranjeras. En este sentido, las políticas del exterior/extranjeras se ocupan del proceso económico creando una hegemonía de capital, una función social y se reglamenta la libertad con la contratación laboral. Esta reglamentación trae consigo la intervención del Estado que, como resultado, se hace insuficiente al cambiar la operación de un Estado Benefactor de proteger a los estratos más necesitados a un Estado Neoliberal.

El Estado Benefactor es forzado por las políticas neoliberales al empobrecimiento de la población o del país al convertirse en Estado Gestor en el que los neoliberales recuperan la empresa privada, la banca, los establecimientos financieros, el comercio, la producción e importación de alimentos y los servicios públicos primarios como se ha señalado, son entregados a la empresa privada. Por ello, los dueños de la empresa privada están interesados en manipular los nuevos conceptos de la sociedad civil con el fin de crear el neologismo; objetos o conceptos que empiezan a formar parte en un determinado momento, de las nuevas realidades que alteran los derechos humanos como el derecho de asociación, reunión pacífica y expresión. Por cuanto, es un hecho que la promoción de la sociedad civil manipulada por la clase empresarial va destituyendo al Estado/Gobierno hasta convertirle en un instrumento que ya no protege los estratos sociales menos privilegiados y más necesitados porque ya no le sirven. Quiere esto decir que se va pasando de ser un Estado Social a ser un Estado de Derechos de las minorías empresariales y no de las mayorías trabajadoras.

La transformación, este cambio social está ocurriendo a nivel mundial y **Puerto Rico** no es la excepción. En la actualidad del Siglo XXI la sociedad Borikua, inmersa en una condición colonial por siglos, recibe también el embate y el atropello de la maquinaria neoliberal elitista que acapara el sistema e implanta una realidad hiperreal. A estos efectos e igual que ocurre en el mundo, los valores centrales que caracterizan a la sociedad están en peligro. Las grandes extensiones territoriales en la superficie del planeta, las condiciones esenciales de la dignidad y de las libertades humanas, señala Harvey (2009), han desaparecido. Hasta la más preciada posesión del ser humano occidental, su libertad de pensamiento y de expresión está amenazada por el despliegue de credos que reclaman únicamente establecer una posición de poder desde el cual suprimir y anular todas las perspectivas que no sean la suya; el de la clase empresarial (Harvey, 2009).

76

A estos efectos, menciona Ortiz Gómez (2014) que los principales valores éticos que se promueven desde el discurso neoliberal son los siguientes:

1. El discurso está fundamentado en la defensa de la libertad, especialmente la de los mercados.
2. Defiende el individualismo y la propiedad privada.
3. Parte de la idea de que el mercado es el mecanismo más eficiente para la distribución de la riqueza.
4. Se sostiene en la creencia de que el Estado no tiene responsabilidad social.
5. Privilegia la defensa del capital en detrimento de los derechos sociales.
6. Promueve una cultura política y ciudadana que se cimienta en los valores de la autogestión al estilo neoliberal.
7. Propicia una reificación a grandes niveles del ser humano al considerarle como un objeto o cosa manipulable.

En otras palabras, desde la perspectiva neoliberal todo es visto como un producto intercambiable en el mercado, incluso la cultura y las relaciones sociales. Ante esta condición, es necesario preguntarse; ¿Qué relación tienen estas ideas y el pensamiento ético con el discurso neoliberal? La plena conexión se encuentra en el hecho de que una sociedad constituida por individuos con valores aislados, volcados hacía sí mismos es incapaz de instrumentar una respuesta organizada y sostenida frente a la pérdida de derechos de toda índole. Más allá de esto, concurre Ortiz Gómez (2014) que la racionalidad del discurso neoliberal y el reforzamiento de éste mediante el discurso ético nos indica que una persona que vive en condiciones de pobreza es porque sus pensamientos, actitudes y capacidades no han sido los adecuados. En ese sentido, recae en el individuo la culpa de tal circunstancia, sin aludir nunca a las condiciones estructurales que favorecen la desigualdad económica, cada vez más escandalosa. La frase, "el que es pobre es pobre porque quiere" es una de las máximas de este tipo de racionalidad. Los desposeídos tienden a ser culpabilizados e incluso criminalizados (Assies, Calderón y Salman, 2002).

Los valores éticos en el neoliberalismo competitivo contemporáneo refuerzan, de igual forma condiciones adversas en los vínculos sociales. De modo que toda persona se ocupa de aumentar sus capacidades, aunque eso implique el atropellar al otro. Utiliza y manipula su entorno de manera amoral traduciendo cada acto en un ejercicio que pasa de lo social a lo político, el cual es desprestigiado y rechazado, no obstante, ese aspecto se ha vuelto casi un *cliché*. La reacción a esta actitud es lo que se podría llamar cultura *selfies* (Chul-Han, 2015). Sin embargo, en otras palabras, es la manera de entender la conciencia de uno mismo dadas las transformaciones sociales, las diferentes formas de entender el mundo y la cultura que nos rodea. Por cuanto, la persona se desplaza entre *selfies* arraigados y estables en la tradición y las creencias religiosas a otros *selfies* más globalizado, relacionado con el uso que se hace del término de autogestión en el discurso neoliberal. Este cambio o transformación responde al modelo del Estado de Derecho neoliberal que requiere de individuos que se hagan cargo de sí mismos y para lo cual deben desarrollar diversas capacidades, principalmente, la competitividad entre otras (Assies, Calderón y Salman, 2002; Ortiz Gómez 2010; 2014).

La cultura superficial de los *selfies* genera también sus propios patrones éticos y están relacionadas con lo que

Lipovetsky (2002) identifica como narcisismo; condición sumamente común en las sociedades industrializadas. Asimismo, Chul-Han (2015) indica que es posible observar que se trata de una ola en expansión de alcance global. Las industrias socioculturales como los sistemas educativos, comercio y los medios de comunicación masiva constituyen los espacios donde se encuentra constantemente expresiones narcisistas características del neoliberalismo; donde lo importante es el "Yo" y la satisfacción del "Ego" individuo está dirigida por la persona a complacerse a sí mismo/a de manera egoísta con lo cual no importa cómo afecta al otro y su entorno con su actitud y conducta arrogante, soberbia y hasta discriminatoria.

Por otra parte, de acuerdo con Chul-Han (2015), desde la perspectiva narcisista de los *selfies* indica que subyace el mensaje de que no necesitamos de otros para poder mirarnos porque una cámara fotográfica es suficiente. Nos negamos a la experiencia de ser mirados por el otro a través de su propia mirada y sólo nos interesa la nuestra. En otras palabras, nos convertimos en un cúmulo de individuos mirándose a sí mismos e incapacitados para mirar a otros al creer que son el centro de toda la atención. Desde esta perspectiva se admira la imagen individualizada que se crea o se adopta; esto es, una imagen pulida y lisa creada por los *smartphones* de forma impecable como señal de una identidad egocentrista de nuestra época totalmente desvinculada o enajenada de la realidad. Señala el autor que esta imagen pulida no daña, ni ofrece resistencia y lo digital constituye lo bello del espacio pulido y liso de lo igual, un espacio programado que no tolera ninguna extrañeza, ninguna alteración y ninguna negatividad que altere lo establecido independiente sea una verdad o una fantasía.

Lo bello y natural de la naturaleza humana se ha atrofiado en lo liso y pulido para transformarse en lo bello digital. Expresa Chul-Han (2015) respecto a esta imagen pulida y lisa que se convierte o se transforma en la crisis de todo lo que se relaciona con lo ético. De modo que lo bello que emana de la naturaleza, de la intrínseco del espíritu y el sentimiento se ha convertido en pornografía, en algo arbitrario y placentero que se mide por su inmediatez, así como por su valor de uso y de consumo. Por cuanto, la belleza es rezagada y el placer egocéntrico domina el alma toda vez que el deseo evoca un movimiento de concupiscencia o de codicia unido a signos infantiles justificados o racionalizados que dominan al Eros y que conduce al alma a la agonía del Eros responsable de procurar el amor, apreciar lo cualitativo de lo bello y la vida. Este autor, igualmente, comenta que la vertiginidad de una vida ocupada adolece de toda dimensión contemplativa y no es capaz de percibir ni sentir amablemente lo bello ante la producción y destrucción acelerada de su propia naturaleza humana. El ser humano consume el tiempo sin permitirse un tiempo libre porque se mantiene sometido a la compulsión de trabajar. Todo comportamiento se dirige a destruir la capacidad contemplativa de apreciar lo bello. No obstante, la vida gana tiempo y espacio, duración y amplitud cuando el ser humano recupera su capacidad contemplativa (Chul-Han, 2015).

De forma similar, el ser humano atrapado por el discurso neoliberal competitivo, de consumo, individualista y apartado de su propia capacidad de sentir tiende a generar situaciones de rivalidad entre las personas para poder insertarse en el mercado sea vendiendo la propia fuerza de trabajo o mediante empresas porque es preciso ser competitivo. Ello implica que los 'Otros' sean vistos como rivales. Por ejemplo, en algunos *realities* transmitidos por la televisión y otros medios de comunicación podemos observar cómo los participantes pueden llegar a establecer vínculos que parecen afectivos, sin embargo, cuando la audiencia *(rating)* o las circunstancias los enfrentan de forma c competitiva de "quien tiene la razón" no dudan en traicionarse. Tal conducta es calificada como inteligente porque la meta final es llegar a ser el ganador sin importar las formas y los vínculos traicionados.

De otra parte, incluso el término agresivo es calificado como positivo en el mundo de la competencia de mercado enalteciendo y generando conductas que responden al criterio de que "el fin justifica los medios" según el tratado de una doctrina política publicado por Nicolas Maquiavelo (2010) en su obra *El Príncipe* para el 1513 del periodo Renacentista. De igual forma responde al concepto de que "todo es válido cuando se lucha por lograr alcanzar su meta". Esta forma de pensar y actuar no reconoce los derechos del otro como individuo. La justificación de tales modalidades dentro de la ética neoliberal tiene un evidente tinte económico, particularmente entre los empresarios porque se permiten reducir costos de operación a discreción para ahorrar, por ejemplo, el salario y beneficios al trabajador. De igual forma se reducen aspectos sociales como las interacciones entre personas y aumentan tendencias que fortalecen la cultura de la falsa imagen pulida de los *selfies*. En este nivel psicológico las personas refuerzan la idea de que él o los

'Otros' no es o son necesarios para el avance de nuestra vida práctica.

Betto (2008) señala que el pensamiento neoliberal promueve la formación de una subjetividad con características muy específicas. Se trata de un 'Sujeto - objeto' desconectado de su contexto histórico y, por cuanto, imposibilitado para participar del mismo. Entre las preocupaciones por ser competitivos y la tendencia al narcisismo, la oportunidad para la organización social-política es poca (Betto,2008). A su vez, los movimientos sociales ecologistas, proderecho de las homosexuales lesbianas, gays, personas bisexuales y transgénero (LGBT), campesinos, indígenas, pacifistas, feministas y otros que existen están fragmentados como resultado del neoliberalismo el cual está hecho para que el ser humano se relacione solamente consigo mismo. De aquí que lo que se tendría como común se vuelve abstracto, vacío de todo lenguaje político. Por consiguiente, en la metrópolis el estado normal es el aislamiento en todo sentido: social, cultural y político (Vilatova Pigrau, 2009). Bezzola y Lugosil (2018) plantean en relación a todo este individualismo y su fragmentación que el ser humano no reconoce al 'Otro' como un individuo diferente y que no forma parte de una comunidad. En otras palabras, cada cual hala para su lado sin considerar consecuencias ni respetar aspectos éticos. Lo anterior coincide con el éxito que ha tenido la imposición de un modelo neoliberal que ha favorecido la concentración de la riqueza en una elite mundial extremadamente reducida y que, a la par, ha aumentado de forma alarmante las condiciones de pobreza de muchas poblaciones en el mundo.

El pensamiento neoliberal se ha promovido en diferentes campos de la cultura. En específico, en todos los modelos, patrones o expresiones de una sociedad que regula, unifica y conceptualiza el comportamiento, la forma de ser y de pensar de la población que la compone. Quiere esto decir que el pensamiento y conducta neoliberal incluye el arte, la música, teatro, cine, literatura, radio, televisión, costumbres, rituales y creencias, así como también vestimenta, comidas y otros elementos. En el discurso neoliberal se utilizan conceptos llamados progresistas, pero despojados de su potencialidad política. La ética de la responsabilidad social del Estado se debilita, mientras que los ciudadanos deben cubrir los vacíos dejados por ésta y se recurre a una cultura de autogestión para su desarrollo y subsistencia.

Las estructuras políticas del Estado en su papel de facilitador de las condiciones de libre mercado dejan a un lado las garantías de los derechos del ciudadano y se enfocan en promover y dirigir toda conducta a la competencia de mercado, al empresarismo y consumismo. La idea que se tiene desde la perspectiva neoliberal parece ser la de una sociedad fría y calculada donde cada individuo desarrolla por sí mismo su sustento mediante las capacidades que sean necesarias para insertarse en el mercado sin la intervención del Estado. La cultura de autogestión promueve a los individuos a participar activamente en las decisiones para su desarrollo o funcionamiento. El trabajo se convierte en religión para los ricos y para los *millennials* una carrera de obstáculos, haciéndoles desdichados ante su lucha por sobrevivir y progresar en esta economía de mercado libre.

La sociedad del siglo XXI ya no es disciplinaria, sino una sociedad de rendimiento. De igual forma sus habitantes no se han de llamar solamente 'Sujetos' como objetos de obediencia, sino 'Sujetos-objetos' de rendimiento (Chul-Han, 2012). El trabajo se convirtió en una pasión porque los educaron insistiéndoles en que así debía ser en búsqueda de identidad, trascendencia y comunidad; tres elementos que los seres humanos encontraban a través de la denominación religiosa (Chul-Han,2018). De aquí que esta sociedad promovida por el discurso neoliberal se fundamenta en referentes específicos tales como: el contexto, los objetivos, los recursos, la población y en los resultados donde más que individuos son hiperindividuos al punto de auto explotarse, como si jamás fuesen a morir (Chul-Han, 2018). El trabajo, aunque está unido a las necesidades que la vida demanda no es un fin en sí mismo, por el contrario, es un medio que se ocupa de la necesidad que obligará a trabajar al ser humano y le robará su libertad. Por otra parte, el ser humano de origen noble, esa clase privilegiada, cambiará, rechazará y ocultará sin duda alguna toda conducta ética hacia el 'Otro' (Chul-Han, 2018).

Los cambios en la conducta ética que propicia el Estado Neoliberal capitalista conllevan a la disminución de la eficiencia en el trabajo que el ciudadano se ve obligado a desempeñar. Por consiguiente, el Estado y los ciudadanos en su función capitalista, se incriminan mutuamente y culpan e imputan faltas o delitos graves a quien no se enmarque dentro de lo que el Estado de libre mercado permite (Ortiz Gómez, 2014). Paradójicamente esta estrategia le proporciona ventajas al mercado porque engrosa sus filas mediante el consumo, donde todo se convierte en mercancía. Esto es, las necesidades de las personas, del ciudadano y las crisis sociales se convierten en un mercado de envergadura que requiere estar dispuesto a tomar riesgos relacionados con el tiempo, el dinero y el trabajo arduo o más bien de supervivencia que desplaza la conducta ética de respeto por el 'Otro'.

La *hiperindividualización* es otra característica de la cultura neoliberal. Esta transforma la necesidad y el sufrimiento en alguna enfermedad que medicaliza. En este sentido la sociedad neoliberal individualiza los problemas y conflictos, los despersonaliza y borra sus causas sociales e igualmente las relaciones sociales y su dinámica se trastocan y tienden a mediarse por la lógica de mercado. Por consiguiente, como resultado aumenta la medicación y la demanda de los servicios de salud mental y de todo tipo. De aquí que exista una tendencia a la atomización y reificación generalizada en la que el ser humano se convierte en objeto o casa del mercado. Esta transformación o cosificación de las personas puede tener consecuencias devastadoras para el conjunto social que requiere de un análisis profundo y serio (Chul-Han,2018)

La descomposición del tejido social no es la causa sino el efecto de la delincuencia y de la impunidad. El deterioro, debilitamiento o rompimiento del tejido social significa el aislamiento del individuo de la sociedad debido a la pérdida de sus principales redes sociales y conductas éticas. En tiempos recientes, Chul-Han (2018) afirma y plantea como un hecho sustancial el fin del amor, lo cual ha denominado la agonía del "Eros" según se ha mencionado previamente. Al respecto indica que hoy día el amor perece por la ilimitada libertad de elección, por las numerosas opciones y la coacción de lo óptimo. Por cuanto, concluye que en un mundo de posibilidades ilimitadas como es el neoliberalismo, no es posible el amor y denuncia el enfriamiento de la pasión.

De acuerdo con Illouz (1961), este enfriamiento en el amor se le atribuye a la racionalización del amor, al modelaje que genera la ampliación y elección de la tecnología. Por su parte, Chul-Han (2018) insiste en que el amor es domesticado para que no exista dolor ni sufrimiento ni riesgos al perder su trascendencia. Señala que el exceso de las ofertas de 'Otros' conduce a la crisis del amor, así como a un excesivo narcisismo del 'Nuevo Sujeto' que como objeto garantiza el placer sexual y, a su vez, es lo que amenaza la sexualidad. Este hecho trata de un proceso dramático que progresa sin que el 'Sujeto-persona' que pasa a ser "Sujeto Objeto" lo advierta (Chul-Han,2018)

El sistema capitalista todo lo somete al consumo, por lo que el amor se convierte en una mercancía mucho más atada a ser expuesta y mercadeada por lo que se intensifica lo pornográfico que ignora y no conoce ningún otro uso de la sexualidad desapareciendo así la experiencia erótica. De igual forma, la crisis actual del arte, la literatura, incluyendo el proceso político puede atribuirse a esta desaparición del 'Otro' y a la agonía del "Eros". Con toda seguridad no habrá una política ética que trascienda y procure un trato en el que se respete lo que representa el amor. En la sociedad del amor las acciones políticas comunican mediante el concepto del "Eros" el deseo común de otra forma de vida autentica, justa y de sana convivencia conducente al cambio, al desarrollo revolucionario de reconocer el punto de vista del 'Otro' y las diferencias donde prevalezcan las conductas éticas.

La proclamación neoliberal de la libertad se manifiesta en realidad como un imperativo paradójico (Chul-Han,2018). El 'Sujeto-objeto' neoliberal domina la economía de la supervivencia en la que cada uno es su propio empresario. El neoliberalismo, con sus desinhibidos impulsos narcisistas del "Yo" y del rendimiento redunda en una sociedad deprimida, cansada y compuesta por personas/individuos aislados según ha expuesto Chul-Han, (2012). El autor menciona que la época de las enfermedades emblemáticas producto de bacterias toca a su fin con la invención del antibiótico. Sin embargo, actualmente se manifiesta el miedo a la Pandemia COVID 19, aunque en este momento no se vive la época viral de épocas pasadas gracias a la técnica inmunológica.

Al comienzo del siglo XXI, desde un punto de vista patológico, una Pandemia no sería ni bacterial ni viral, sino neuronal. La depresión, el trastorno por Déficit de Atención con Hiperactividad (TDAH), el Trastorno Límite de la Personalidad (TLP) o el Síndrome de Desgaste Ocupacional (SDO) definen el panorama de comienzos de este siglo. Al presente, las enfermedades no son infecciones sino estados patológicos que siguen una forma dialéctica de "tesis y antítesis" aunque no es una dialéctica de la negatividad sino de la positividad a nivel de que podría ser atribuida al exceso de estados patológicos atribuibles a un exceso de positividad (Chul-Han 2012). A estos efectos, Giroux (2020) concluye que vivimos en un momento de múltiples plagas como es la del neoliberalismo que alimenta la actual epidemia del Coronavirus mundialmente infligiendo miseria económica, sufrimiento y muerte a medida que avanza por las sociedades con la velocidad de un tornado mortal. Estos incluyen la plaga de la destrucción ecológica, la degradación de la cultura cívica, la posibilidad de una guerra nuclear y la normalización de una cultura brutalmente cruel.

La ética en el neoliberalismo contemporáneo es incompatible con la democracia. La incompatibilidad ética de la convivencia humana es para los defensores de la democracia una inquietud sustancial. Frente a los nuevos desafíos de la globalización es necesario construir propuestas innovadoras para la convivencia social, las cuales radican en una relación intrínseca entre el lenguaje, el cuerpo y la emoción según plantea Echeverria (2003). Estas formulaciones, de acuerdo con el autor, corresponde a la idea de que la fuente de los problemas sociales está en el "Ser" en su esencia como individuos y en las condiciones externas que dificultan la auto- realización del "Ser". Ante la insatisfacción del "Ser" y la angustia existencial se genera la dificultad de responder al mandato del rendimiento y de la efectividad-eficiencia-eficacia de las acciones y relaciones interpersonales. Por consiguiente, Echeverria (2003) señala que es necesario un cambio fundamentado en la realización, en esencia, del "Ser" de las personas. Este cambio requiere de orientación y adiestramiento para concienciar en lo que se siente, para integrar, armonizar mente/pensamiento, emociones y cuerpo y lograr conseguir los resultados deseados desde una nueva interpretación del mundo y de sí mismo ante el problema que existe de una inadecuada interpretación del mundo y del "Ser" humano.

El aprendizaje requiere ser uno permanente ante lo acelerado de los cambios en el mundo. A estos efectos, se hace necesario que se le devuelva a la sociedad el imperativo ético de un nuevo deber para un desarrollo personal eficaz conducente a la autorrealización del individuo sin que medien actos de corrupción (Echeverria, 2003). No obstante, señala Chul-Han (2014) que el mandato neoliberal exige más rendimiento lo cual se hace apelando a nuestras emociones, por lo que se convierte en un capitalismo de la emoción contrario a los planteamientos de concienciación y de restaurar el imperativo ético propuesto por Echeverria (2003). El capitalismo de consumo capitaliza las emociones porque vende significados y no valores de uso sino valores emotivos. Impulsa la renacionalización del proceso productivo para generar necesidades y potenciar el consumo. El/la gerente, por ejemplo, deben generar emociones positivas y ser motivadores por excelencia para inducir al desenfrenado estado emotivo compulsivo de comprar y comprar.

El sistema neoliberal promueve formas de coacción internas, sutiles y subliminales que limitan las libertades individuales ante el hecho de orientar y dirigir la acción humana a la búsqueda del rendimiento y la optimización de la ganancia a costa de todo sin importar el daño social, ecológico o moral que conlleva (Chul-Han, 2014). La ética neoliberal convierte al propio trabajador en empresario de sí mismo, a ser frio y egocéntrico en busca de su ganancia económica. Es un "Ser" empresa, de modo que las contradicciones dejan de asociarse a las condiciones materiales de desigualdad creciente y pasa a experimentarse como el emprendedor vigilado por su propio "Yo" y no por un sistema disciplinario ético interior y exterior. A esto, Chul-Han (2014) señala que la Psicopolítica es un instrumento de dominación que permite intervenir en el pensamiento, en la emoción y en las acciones de las personas. Reiteradamente, el autor indica que el neoliberalismo busca, precisamente, dominar la psique para reproducirse y expandirse con objetivos egoístas.

De acuerdo con Chul-Han (2014) el estado de felicidad relacionado con objetivos egoísta narcisista es parte del vacío interno y de la insatisfacción continua en las personas de este Siglo XXI. La explotación del narcisismo indica el autor, se da en la explotación de la insatisfacción que promueve la competencia y la complacencia del deseo narcisista. A estos efectos, concluye Chul-Han (2014) que se produce un componente de mercantilización de la vida y nuevos nichos innovadores para satisfacer ese apetito del egoísmo humano. Como resultado de este sistema de insatisfacción materialista es que da paso y existe una construcción económica y cultural de un estado de insatisfacción perpetua en el ser humano que debe ser procesado con nuevas mercancías para buscar la comodidad, la distinción, la ostentación y la sobrevaloración de la autoimagen personal que adopta una forma de Felicidad y placer efímero o circunstancial.

El significado de la infelicidad y felicidad en la humanidad es reproducido por un sistema social que se fundamenta en la acumulación incesante de capital y de poder característico del neoliberalismo. La enajenación del "Ser" se da por la naturalización de una estructura prejuiciada de la sociedad en grupos por clase o estratos económicos que se atribuyen que merecen más que otros grupos en desventaja económica. El pensamiento neoliberal para Hinklammert (1984) es la legitimación de la sociedad burguesa que define su identidad al distanciarse explícitamente de una propuesta de sociedad socialista. Menciona el autor que la superación de la sociedad burguesa por medio de un pensamiento de mercado está fundada por polaridades. Esto es, por un lado, el caos y por el otro el mercado y la competencia perfecta suponiendo un progreso infinito que en realidad no alcanza. La modernidad plantea Hinklammert (1984) converge en un carrusel autodestructivo porque la política neoliberal solo impulsa vertiginosamente hacia la muerte de la consciencia colectiva de igualdad y de respeto hacia un comportamiento ético.

La racionalidad ética del sistema social y los modos de dominación capitalista neoliberal es una negación del mundo y una domesticación del "Ser-en-el-mundo" en función de la relación económica, social y política que le domina y le somete. Cabe mencionar que la domesticación del "Ser" esta excelentemente presentada en la obra titulada *El Principito* escrita por Antoine de Saint Exupéry en 1943. Este autor a través del personaje principal, la figura de un niño y demás personajes con los que interacciona en su recorrer por el mundo establece desde donde y como se inicia ese proceso de domesticación y señala que ... "lo esencial es invisible a los ojos" .... Señala que sólo desde nuestro "Ser" es que se encuentra el verdadero estar y hacer del "Ser-en-el-mundo" para liberarse de la domesticación que impone el sistema. Cabe destacar que el juicio ético debe fundarse en un criterio de vida a partir del cual se conciencie y se promueva una convivencia social para la transformación del "Yo"-neoliberal para que supere el sistema social y le dé sentido al "Ser".

En síntesis, cada individuo requiere superar la cultura deshumanizante del neoliberalismo. Requiere, a su vez, superar la positividad que se busca con el 'Nuevo Sujeto Social' con el advenimiento del 'Sujeto-neoliberal' que recae en el propio "Ego", esto es, una ética que alude al

"Yo"-emprendedor. De aquí la descomposición de la convivencia que es fundamentada en el imperativo de "Ser-en-competición" enmarcado en la ideología que opera como esquema de pensamiento y acción que converge en la miseria de los 'Otros' y problematiza el por qué del "Yo" que no logra sus objetivos de rendimiento y optimización. Por cuanto, regresa al estado de infelicidad y se repite ese ciclo de domesticación deshumanizante del neoliberalismo antiético del capitalismo salvaje en busca de una forma de Felicidad y placer gratificante efímero totalmente circunstancial.

Referencias

Assies, W; Calderón, M.A y Salman, T. [Eds.] (2002). *Ciudadanía, cultura política y reforma del Estado en América Latina.* Colegio de Michoacán-Instituto Federal Electoral Junta Local de Michoacán, Zamora.

Aguilar. S. (2016). En J. Locke. *La mente es una Tabula Rasa.* Editorial Batiscafo. Valencia, España.

Bezzola, T. & Lugosi, P. (2018). Negotiating place through food and drink: Experiencing home and away. *Tourist Studies,* 18(4), 486-506, DOI: 10.1177/1468797618791125.

Betto, F. (2008). *Neoliberalismo y cultura, rebelión.* Recuperado de www.rebelion.org/noticia.php?id=72080

Cajal, A. (2020). *Código de ética: Funciones y principios.* Recuperado dewww.lifeder.com

Chul-Han, B. (2012). *La sociedad del cansancio.* Editorial Herder. Barcelona, España.

Chul-Han, B. (2014). *Psicopolítica. Neoliberalismo y nuevas técnicas del poder.* Editorial Herder. Barcelona, España.

Chul-Han, B. (2015). *La salvación de lo bello.* Editorial Herder. Barcelona, España.

Chul-Han, B, (2018). *La agonía del eros.* Editorial Herder. Barcelona, España.

Descarte (1980). *Discurso del Método.* Editorial Mediterráneo. Madrid, España.

De Zan, J. (2004). *La ética, los derechos y la justicia. Fundación konrad- adenauer.* Master Graf.; Montevideo, Uruguay.

Echeverria, R. (2003). *Ontología del lenguaje.* Comunicaciones Noreste. Chile.

Giroux. A. (april 7, 2020). The COVID-19 pandemic is exposing the plague of neoliberalism. Publishing Truthout . Sacramento, California.

Harvey, D. (2009). *Breve historia del neoliberalismo.* Editorial Akal. Madrid, España.

Hinkelammert, F. (1984). *Crítica a la razón utópica.* Editorial DEI. San José, Costa Rica.

Illouz, E. (1961). *Por qué duele el amor.* Publicadora Katz/ Clave Intelectual. Madrid, España.

Kant, I. (2012). *Critica de la razón pura.* Editorial Dialogo. Valencia, España.

Lipovetsky, G. (2002). *La era del vacío.* Anagrama. Barcelona, España.

Maquiavelo. N. (2010). *El Príncipe.* Alianza Editorial. Madrid, España.

Marx, K. (1977). *El capital. Crítica de la economía política.* Editorial Akal. Madrid, España.

Muñoz Mantilla, J. (octubre 11, 2016). El neoliberalismo en la axiología contemporánea y el gobierno de la revolución ciudadana. Publicado en *Capitalismo, Democracia, Economía y etiquetado Alianza País, Neoliberalismo Revolución Ciudadana.* Quito, Ecuador.

Ortiz Gómez, M.G. (2010). *Neoliberalismo de sur a norte en América Latina. La Cultura de la autogestión para el desarrollo en poblaciones indígenas: Los casos de Chile y México.* (Tesis Doctoral Publicada). Colegio de Michoacán, Zamora.

Ortiz Gómez, M.G. (sept./dic,2014). El perfil del ciudadano neoliberal: La ciudadanía de la autogestión neoliberal Sociológica (Méx.) *Journal Latino American Studies* vol.29, (no.83). *México.*

Rousseau, J.J. (2003). *El Contrato Social.* Dover Publications. Mineola, New York USA.

Sartre, J.P. (2013). *El existencialismo es un humanismo.* Editores Mexicanos, S A. México City. México.

Saint-Exupéry, A. (1943). *El Principito.* Reynal & Hitchcock. Nueva York. USA.

Valencia Quintero, E. (2020). *Ética y neoliberalismo.* Recuperado de www.robertexto.com

Vilatova Pigrau. R. (2009). *Llamamientos y otros fogosos.* Editorial Machado, Grupo de Distribución. España.

Diseño en política Neoliberal

Capítulo IV: Elementos prácticos de la gestión neoliberal: El diseño en política, ¿Quién decide?

Capítulo IV

Elementos prácticos de la gestión neoliberal: El diseño en política, ¿quién decide?

"Todo tiempo tiene su propio aroma. ¿Por qué debería lamentar que la tarde haya pasado? Al aroma de la tarde le sigue la fragancia del anochecer. Y la noche desprende su propio aroma. Estos aromas del tiempo no son narrativos, si contemplativos. No se dividen en una sucesión. Más bien descansan en sí mismos" **(Chul-Han, 2015).**

El neoliberalismo ha generado profundas transformaciones sociales, políticas, económicas, culturales y éticas. En este contexto, el sistema neoliberal ha sido favorecido por el poder de los medios principales de trasmisión de información como son los comunicadores sociales, publicistas dedicados a la propaganda, la Internet, revistas, películas, periódicos, radio, grabaciones, televisión y los intelectuales orgánicos quienes pertenecen a la clase burguesa que se encarga de organizar la función económica a la que pertenecen. En particular, los intelectuales orgánicos son portadores de la función hegemónica que ejerce la clase dominante o élite en la sociedad civil y de los partidos políticos existentes. El objetivo principal de los intelectuales orgánicos es asegurar el consentimiento pasivo de las clases sociales dominadas por la clase dominante que controla, administra, dirige y somete a su discreción a la sociedad. Los intelectuales orgánicos programan la coerción que ejerce la clase dominante en la clase media y pobre los cuales son las más vulnerable en la sociedad (Gramsci,1967). Por consiguiente, a través de la gestión de los intelectuales orgánicos, el modelo neoliberal logra expandir su discurso a escala mundial despolitizando, en gran medida, a la sociedad.

Por otra parte, el surgimiento de los aparatos culturales de derecha, como *Fox News,* una marca del Partido Republicano e incluso una extensión del mismo y *Breitbart Media* mediante los cuales la verdad es tratada con desprecio, la ciencia vista como un obstáculo y el pensamiento crítico es difamado con noticias falsas o *fake news* (Giroux,2020). En general, se considera que los periodistas que allí laboran tienen una orientación ideológica de extrema derecha. Por lo regular, muchos de sus contenidos han sido llamados misóginos, xenófobos y racistas por los liberales y conservadores tradicionales. La cede desde donde operan es conocida por publicar noticias falsas, teorías conspirativas falsas e historias intencionalmente engañosas. En conclusión, son considerados una plaga de ignorancia voluntaria y analfabetismo cívico sancionado por el Estado (Giroux, 2020).

La crisis actual es parte de una era definida por una catástrofe pedagógica de indiferencia y una huida de cualquier sentido viable de responsabilidad moral. En la actualidad se vive una época marcada por el desprecio, por la debilidad, así como por el racismo desenfrenado, la elevación de la emoción por encima de la razón, el colapso de la cultura cívica, la obsesión con la riqueza y el interés propio (Giroux, 2020). Dadas estas circunstancias el mapa sociopolítico y económico ha experimentado cambios a partir de la década del '70 y principios de los '80. Estos cambios, como resultado, desarrollaron una fuerte hegemonía política y económica constituidos por un pequeño número de megacorporaciones transnacionales y países con tecnología altamente desarrollada (García Delgado, 1994; 1998). Además, trajo como consecuencia que las megacorporaciones en los Estados Unidos y de las principales potencias europeas protegieran firmemente a sus mercados mediante diversos tipos de regulaciones (Harvey, 1998). En otras palabras, el nuevo orden global neoliberal debilitó la flexibilización laboral, la liberalización comercial, la desregulación financiera y la reducción salarial aumentando la desigualdad y crisis en la demanda. Por cuanto, se afectaron significativamente los pequeños negocios, las industrias nacionales, los sindicatos, los obreros y particularmente los obreros de los países llamados del Tercer Mundo (Harvey, 1998).

Las políticas neoliberales crearon un incremento en el desempleo, la precarización laboral, la desigualdad social y la pobreza (Borón, 2000; Minsburg, 1999; Sader, 2001). De igual forma y simultáneamente surge una marcada división en el trabajo ocasionando la perdida de la solidaridad en la sociedad, una disminución en el poder político de los asalariados y principalmente en el ámbito sindical (Harvey, 1998). En efecto, la fragmentación y segmentación social producida por las políticas de flexibilización y desindustrialización, junto con el creciente desempleo generado por la privatización de la mayoría de las empresas públicas, debilitaron al anteriormente homogéneo y unificado sector sindical (Tenti Fanfani, 1993; Murillo, 2005).

Al tiempo que los sectores empresariales se homogeneizaban de manera creciente, en este contexto, los sectores populares y trabajadores, en general, se heterogeneizaban (Villarreal, 1996). De esta manera se constituye una lógica que podríamos denominar como la de consumir y seguir consumiendo. Al respecto, Harvey (1998) llamó este hecho, el imperialismo de gusto incentivado por la superpotencia mundial y las grandes empresas multinacionales que consideran al ser humano neoliberal como un depósito de potencial 'Sujetos-objetos' de consumo. Este 'Sujeto-objeto' sigue los preceptos de la denominada sociedad de consumo, alienta la búsqueda de satisfacciones y los principios que inducen a los individuos a creer que dar satisfacción a sus deseos es una regla que debe orientar sus elecciones y el criterio regente de una vida válida y exitosa (Bauman, 2003).

De otra parte, en esta sociedad de consumo compulsivo prolifera un capitalismo al estilo del "casino" con el cual se enajena la sociedad y destruye la creatividad. Este es un capitalismo financiero especulativo que implica una teologización de un mercado descontrolado, sin reglas éticas, ni con la menor preocupación social y ambiental. Esta nueva forma de capitalismo destruye la capacidad autosostenible, el sustento y la dignidad del ser humano al ser atraídos y seducidos de una forma u otra (Bauman, 2011). Consecuentemente esta forma que destruye la creatividad está acompañada de medidas de austeridad despiadadas que solo beneficia a la élite financiera al tiempo que destruye el estado social y sienta las bases para el estado castigador, que ahora se convierte en la institución predeterminada para aquellos expulsados de la llamada promesa de la democracia (Bauman ,2011). Los gobiernos impulsados por el neoliberalismo comparten un factor importante: se preocupan más por consolidar el poder en manos de la élite política, corporativa y financiera que por invertir en el futuro de los jóvenes y expandir los beneficios del Contrato Social y el bien común (Saltman,2007; Schumpeter,2008; Klein, 2007).

Cabe destacar que la imposición neoliberal, la adopción consentida de valores, estilos culturales, íconos e imágenes proyectadas a través del mundo por el poder hegemónico estadounidense está organizado en torno a la Organización del Tratado del Atlántico Norte (OTAN). Este emporio de poder lo forma EE. UU., Canadá, Reino Unido, Francia, Portugal, Noruega, Dinamarca, Alemania Occidental, Holanda, Bélgica, Luxemburgo, Italia, Grecia, Turquía y el bombardeo propagandístico de las megacorporaciones en la instauración de una uniformización cultural de las sociedades (Borón, 1999). La uniformización cultural hace referencia a las modificaciones vividas por diferentes formas de vida, costumbres, tradiciones y expresiones artísticas de los diferentes pueblos del mundo que han ido adaptándose a los cambios que se han operado. Esta homogeneización cultural, según se mencionó previamente, ha sido llamada Macdonalización (Ritzer, 1996). En este aspecto, la Macdonalización constituye un elemento crucial como factor de recursividad, cuya característica principal es la sensación, imagen, publicidad, lenguaje y la expresión para la reproducción de las condiciones que hacen posible la existencia del sujeto neoliberal (Giddens, 1995).

El auge del consumo de bienes materiales, el incentivo a la competitividad y el "sálvese quien pueda" exigido para pertenecer al mercado favorece la reproducción de capital, fomenta el individualismo de carácter hedonista que promueve la apatía hacia la política y se refugia en el privatismo (García Delgado, 1994; Lipovetsky,2000). Toda esta vorágine capitalista consumista conduce a un peligroso inmovilismo social hedonista orientado a un comportamiento de búsqueda del placer inmediato y que todo aquello que representa solidaridad y una política para el bien común queda relegada y descartada. El placer se convierte en el objetivo hedonista que consiste en afirmar que el placer no solo es un bien, sino en afirmar que el placer es el único y supremo bien.

El individuo inmerso en la sociedad capitalista neoliberal tiende, de manera creciente, a buscar el placer en tres situaciones por lo regular; estas son: satisfacer una necesidad, un deseo y un servicio el cual representa la satisfacción al recibirlo. Chul-Han (2015) menciona al respecto que la persona disfruta en la vida mediante aquello que desea y de la satisfacción que le genera; lo cual contribuye a multiplicar la búsqueda del placer y que hace que se acerque al objetivo que entiende es una vida plena. Este razonamiento resulta un poco ingenuo al confundir el consumir con la simple abundancia material porque la vida plena no se puede explicar teoréticamente en función de la cantidad de placer ni como resultado de la consumación de oportunidades en la vida.

De acuerdo con Chul-Han (2015) la sociedad de consumo y de tener tiempo libre presenta una temporalidad particular. El tiempo sobrante, que se debe a un aumento de la productividad, se llena con acontecimientos y vivencias superficiales y fugaces.

Puesto que nada ata al tiempo de manera duradera y que es percibido como algo que transcurre muy de prisa o que todo se acelera. El consumo y la duración se contradicen, los bienes no duran y llevan inscrita la caducidad como elemento constitutivo. El ciclo de aparición y desaparición de las cosas es cada vez más breve. El imperativo capitalismo neoliberal del crecimiento lleva consigo que las cosas se produzcan y se consuman en un lapso de tiempo cada vez más corto. Existe, por consiguiente, que la presión del consumo es inmanente al sistema de producción. Este ciclo para el crecimiento económico el cual depende del consumo y del uso vertiginoso de las cosas es uno constante y de influencias mutuas lo cual permite que en la sociedad de consumo no se demore en la búsqueda constante del poder adquisitivo.

Los objetos de consumo no dan lugar a ninguna contemplación porque se usan y se consumen lo más rápido posible para dejar lugar a nuevos productos en la dialéctica del amo y el **Esclavo**. No obstante, explica García (2010) que según Hegel la lucha entre la vida o la muerte resulta en que una de las dos acaba siendo el **Esclavo** que trabaja para el 'Otro' su amo. De modo que Hegel convierte el miedo a la muerte en el futuro **Esclavo** que se somete al 'Otro'. El individuo inmerso en este conglomerado capitalista hedonista y de consumo prefiere el sometimiento a la muerte y se aferra a la vida con furor, mientras que el amo ansía algo más que la mera vida. En palabras más ilustrativas, se entiende que el amo son todos los intelectuales orgánicos a cargo de manejar y manipular la función económica al aspirar al poder y la libertad. En contraposición al **Esclavo**, este no erige o construye su vida en lo absoluto, sino en su "Yo" hedonista neoliberal capitalista; por lo que totaliza su individualismo en sí mismo y niega al 'Otro' por completo. Esta disolución de valores practicada por intelectuales orgánicos, políticos, economistas y planificadores de la cultura configuran en gran medida los responsables contemporáneos de la abdicación del pensamiento ante un horizonte cultural y político neoliberal percibido, así sea indirectamente, como la barrera infranqueable del quehacer humano (Mansilla,1998). Octavio Paz (1992) habló acerca del carácter del mundo actual según el ser humano que le habita y se cita:

… vive más años, pero sus vidas son más vacías, sus pasiones más débiles y sus vicios más fuertes. La marca del conformismo es la sonrisa impersonal que sella todos los rostros.... La democracia está fundada en la pluralidad de opiniones; a su vez, esa pluralidad depende de la pluralidad de valores. La publicidad destruye la pluralidad no solo porque hace intercambiables los valores sino porque les aplica a todos el común denominador del precio. En esta desvalorización universal consiste, esencialmente, el complaciente nihilismo de las sociedades contemporáneas.... Nada menos democrático y nada más infiel al proyecto original del liberalismo que la ovejuna igualdad de gustos, aficiones, antipatías, ideas y prejuicios de las masas contemporáneas.

De acuerdo con Mansilla (1999) la actual democracia de masas celebrada como uno de los grandes logros sociales y progresistas del siglo XXI incluye la manipulación de la consciencia, las normas y las aficiones de dilatados segmentos poblacionales mediante los medios modernos de comunicación. A estos efectos y como resultado, en muchas y amplias zonas del planeta en la actualidad el mercado neoliberal desregulado destruye las economías de subsistencia y otras formas de vida premodernas que hasta hace poco funcionaron más o menos bien. Señala el autor que la existencia de una sociedad civil aparentemente bien educada e informada no excluye el despliegue de fuertes sentimientos nacionalistas, xenófobos e irracionales. Con o sin regímenes neoliberales a nivel mundial se expanden inmensas organizaciones que sobrepasan los límites y, paralelamente a ellas, redes y fenómenos de corrupción de una magnitud insospechada. Es precisamente ante este tipo de desarrollo socio-cultural que el neoliberalismo no exhibe la necesaria consciencia crítica que ha contribuido poderosamente a cimentar la tradición hegemónica preexistente y a debilitar toda actitud crítica frente al horizonte normativo del presente.

Por otra parte, actualmente se ha generado un malestar hacia el neoliberalismo el cual puede ser explicado parcialmente mediante un breve análisis de la relación entre esta corriente y la temática por la conservación del medio ambiente. Las autoridades que dirigen los Gobiernos de muchos países, inspirados por el neoliberalismo dicen o aparentan considerar seriamente los llamados componentes ecológicos en todo proyecto más o menos de un desarrollo grande y se pronuncian por la preservación selectiva de algunos ecosistemas en peligro de desaparecer. Por consiguiente, desarrollan o crean un importante ambientalismo neoliberal que parece ganar adeptos cada día, precisamente entre los empresarios que se consagran a la explotación directa de los recursos naturales.

La base del nuevo enfoque ambientalista es la preservación y el uso de estos recursos para mantener y expandir los actuales procesos productivos, sin poner en peligro el fundamento de estos últimos debido a una sobreexplotación irracional de la naturaleza. Se trata de una visión muy similar a la teoría del desarrollo sostenible de origen socialdemócrata, pero centrada en los derechos de propiedad que deberían tener los empresarios de todos los ecosistemas naturales; toda vez que son estos quienes decidirán qué y cómo disponer de los recursos naturales y ambientales.

La concepción y la conceptualización de las áreas silvestres desde el punto de vista neoliberal ambiental, por ejemplo, deben estar protegidas en función de su futura utilidad para el mercado y no porque las plantas y animales que en ellas se albergan son entes vivos que cumplen una función para la sobrevivencia humana y el equilibrio del planeta. El punto de partida de esta nueva ideología es muy simple: el propietario de un bien natural como sería un bosque supone que su dueño es el más interesado en conservarlo adecuadamente, por ejemplo, para que en el futuro continúe rindiendo frutos y ganancias al utilizar la madera de sus árboles de acuerdo con el mercado. Por consiguiente, es el que más trabajará por capitalizar ese bien natural para obtener más beneficios económicos, aunque destruya ese ecosistema. No obstante, el ecosistema, en general, es de todos y todos debemos protegerlo. Por cuanto, quiere decir que los distintos sectores poblacionales se sienten obligados a preservarlos en realidad de forma convenientemente. Sin embargo, la devastación del medio ambiente se produce, a pesar de este enfoque dadas las intervenciones del Estado, del propietario y la visión distorsionada del recurso natural ambiental del mercado. Es a estos efectos que los grupos ecologistas y las tribus amazónicas se introducen en el tratamiento de los recursos naturales en su defensa para dejar toda la cuestión ambiental librada de las fuerzas del mercado y asegurar el derecho de propiedad de todo bien común adscrito por ley natural a la humanidad.

Por su parte, según los neoliberales, no existen políticas conservacionistas exitosa que se fundamenten en argumentos éticos o en la pretendida solidaridad entre los seres humanos para con el mundo natural acerca del mejor procedimiento para preservar los ecosistemas. Paradójicamente sería como acudir y apelar a los intereses egoístas de los propietarios de bosques y praderas. En el ambientalismo neoliberal la vida de los ecosistemas en general y en particular pasa a ser un problema técnico, donde se busca la mejor fórmula o procedimiento para asegurar un precio que devengue una ganancia monetaria al amo quien controla la hegemonía económica del mercado neoliberal. La conservación de la naturaleza se convierte en un problema que puede evaluarse en términos convencionales de costes y beneficios. Los recursos naturales se traducen en ser un objeto más.

El neoliberalismo parte de principios científicamente controvertidos, como por ejemplo, la bondad se limita a la industrialización, la urbanización se acelera, la posibilidad de crecimiento y desarrollo son ilimitados para toda la sociedad humana. A su vez, la política neoliberal considera a *priori* que el desarrollo competitivo del mercado es algo del todo garantizado y empíricamente comprobado. En cuanto al debate ecológico de las últimas décadas ha demostrado justamente las falacias y el engaño de tales aseveraciones dado que la práctica hegemónica del neoliberalismo ha demostrado las tendencias que desde los años '30' venía evidenciándose acerca de la autonomización del pensamiento económico por encima de todas las demás disciplinas del saber social (Mires, 1996). En otras palabras, el incremento infinito de la competitividad y la ilimitada competencia económico-comercial internacional se fundamenta en conceptos mecánicos o falacias lógicas características de la posverdad. De modo que crea y distorsiona la realidad e influye en las actitudes de las personas y en la sociedad.

El discurso neoliberal en sí mismo resulta altamente autodestructivo, por ejemplo, el mercado es una institución donde factores extraeconómicos tienen un rol destacadísimo según la ley de la oferta y la demanda. Este mercado económico-financiero únicamente configura sólo uno de sus componentes porque no toma en cuenta la inconmensurabilidad económico-financiera de la naturaleza y representan un retroceso en la conformación del pensamiento occidental. El mundo actual se encuentra en el desequilibrio ecológico, donde existe un progresivo deterioro que deja ver o demuestra un panorama existe o no se evidencia una adecuada intervención o comprensión de la problemática por parte de quienes habitamos este territorio, el único planeta del que se dispone para la vida humana, animal y vegetal.

Guattari (1989) encuentra que es en la fragmentación, el descentralizar, así como en desmultiplicar los antagonismos y los procesos de singularización que se dan las nuevas problemáticas ecológicas. Este autor define la finalidad de la Perspectiva Ecosófica como una alternativa estratégica para reorientar los conceptos y las prácticas neoliberales impuestas e implementadas hasta el presente. Señala que se requiere eliminar la infantilización de la opinión y la neutralización destructiva en la democracia, desarrollar la responsabilidad y una administración o gestión más colectiva para dar un nuevo rumbo a las ciencias y técnicas con una finalidad más humana. Por consiguiente, se necesita trabajar por la humanidad desde la perspectiva bioética para lograr un balance o equilibrio en medio de la crisis del ecosistema que enfrenta el ser humano en este planeta tierra. De modo que no se trata del reequilibrio permanente, se trata de establecer nuevos sistemas de valoración, multiplicación de experiencias enfocadas y centradas en el respeto a la singularidad y la producción de la subjetividad humana. Quiere esto decir que se trata de producir nuevas percepciones y discernimientos mucho más orientadas al análisis crítico, más objetivo y dirigido a la reformulación de las practicas del mercado neoliberal y trabajar en conjunto por la humanidad desde la perspectiva bioética.

En los últimos años, la aplicación de las políticas neoliberales a escala global ha provocado nefastas consecuencias económicas y sociales. Se ha incrementado de forma descomunal la deuda externa para respaldar fugas de capital del sector privado. También han proliferado procesos de apertura comercial y financiera inéditas que destruyeron el aparato productivo vigente desde la posguerra y un conjunto de políticas de privatización de las empresas públicas. A su vez, como parte de este debate neoliberal, la flexibilización laboral y desregulación de los mercados han generado el desempleo y el subempleo histórico. También, la pobreza y la desigualdad ha aumentado de forma alarmante dado el surgimiento de riquezas inéditas y una precarización social vergonzosa donde la región más castigada ha sido América Latina.

En este contexto, la reciente crisis financiera en los Estados Unidos ha puesto en evidencia la falacia del libre mercado. Por cuanto, como resultado, la fase crítica del sistema global neoliberal ha llegado a su fin. Sin embargo, debemos ser muy cautelosos porque, si bien se está revalorizando la acción política para la modificación del estado ante la situación vigente, la globalización neoliberal ha sido dirigida a reducir el gasto público social que incluye los servicios esenciales a la población para disminuir el déficit fiscal e impedir que se propague la inflación. De modo que la idea de que el mercado es el ámbito eficiente por excelencia y que la culpa de todo la tiene la burocracia, la ineficiencia y la corrupción existente en el Estado/Gobierno continúa siendo defendida por algunos de los líderes latinoamericanos emergentes.

Por otra parte, la sociedad civil, pese al incremento de las protestas, sigue vigente en ciertos sectores la creencia de una globalización donde lo político asociado al antagonismo se encuentra ausente. A estos efectos, hasta el momento, se hace difícil organizar una acción colectiva cuando presenciamos altos niveles de atomización social o la desunión más que la unidad de todos y todas. Tal situación se incrementa más aun cuando el consumismo fomenta el individualismo entre el ser humano en todos los niveles de la sociedad contemporánea. No obstante, la historia recrea los cambios operados en los Sistemas sociales, políticos, económicos y ecológicos. Estos cambios reformulan la existencia humana al ser esta existencia una temporal. Sin embargo, consecuentemente dan paso a la creación de nuevas formas de ser y hacer que generan consensos o las concertaciones necesarias en el ser humano para que ocurra y se dé la práctica cognitiva humana que implica la conservación de todo sistema en función de preservar todo tipo de vida/existencia en todas las dimensiones socio-ecológicas.

Referencias

Bauman, Z. (2003). *En busca de la política.* Facultad Ciencias Económica. Buenos Aires.

Bauman, Z. (Octubre, 2011). *Capitalism has learned to create host organisms*: The Guardian. Retrieved from https://www.guardian.co.uk/commentisfree/2011/oct/18/capitalism- parasite-hosts. On matters of disposability, see Zygmunt Bauman, *Wasted Lives.* Polity Press, (2004). London.

Borón, A. (1999). *Pensamiento único y resignación política: Los límites de una falsa coartada.* En Borón, Atilio, Gambina, Julio y Minsburg, Naum (comps.). *Tiempos violentos. Neoliberalismo, globalización y desigualdad en América Latina.* CLACSO. Buenos Aires.

Boron, A. (2000). *Los nuevos leviatanes y la poli democrática, en tras el búho de Minerva. Mercado contra democracia en el capitalismo de fin de siglo.* Eds. Facultad Ciencias Económica. Buenos Aires.

Chul-Han. B, C. (2015). *El aroma del tiempo; Un ensayo filosófico sobre el arte de demorarse.* Editorial Herder. Ciudad de México, México.

García Delgado, D. (1994). *El cambio de relaciones Estado-sociedad en el proceso de modernización en Argentina.* [Mimeo]. Instituto de investigaciones de la Facultad de Ciencias Sociales, UBA, Bs. As. Argentina

García Delgado, D. (1998). *Estado nación y globalización.* Facultad Ciencias Económica. Buenos Aires. Argentina.

García, J.O. (2010). *Amo y esclavo en Hegel. Consideraciones cruzadas fragmentos de Filosofía.* Núm. 8, pp. 87-101. ISSN: 1132- 3329. Depósito de Investigación *Universidad* de Sevilla. Sevilla, España.

Giddens, A. (1995). *La constitución de la sociedad.* Amorrortu. Buenos Aires.

Gramsci, A. (1967). *La formación de los intelectuales.* Grijalbo. México.

Giroux. A. (Abril, 2020). *The COVID-19 Pandemic is exposing the plague of neoliberalism truthout.* Link: https://truthout.org/articles/the-covid-19-pandemic-is-exposing-the- plague-of-neoliberalism/.

Guattari, F. (1989). *Las tres ecologías.* Editorial Pre-textos. España.

Harvey, D. (1998). *La condición de la posmodernidad.* Amorrortu. Buenos Aires.

Klein, N. (2007). *The shock doctrine: The rise of disaster capitalism.* Picador. New York.

Lipovetsky, G. (2000). *Espacio público y espacio privado en la era posmoderna.* En Arditi, Benjamín (Ed.). *El reverso de la diferencia. Identidad y política. Nueva Sociedad.* Caracas.

Mansilla, H.C.F. (Sept-Oct 1998). Neoliberalismo y posmodernismo en el ámbito sociocultural *Nueva Sociedad,* Núm. 157.

Mansilla, H.C.F. (Enero-Mayo, 1999). La abdicación del pensamiento ante el horizonte del presente. La inalterable necesidad de un espíritu crítico en filosofía y política. Revivía de Estudios Políticos. *Nueva Época,* Núm. 103.

Minsburg, N. (1999). *Transnacionalización, crisis y papel del Fondo Monetario Internacional y del Banco Mundial.* En Borón, Atilio, Gambina, Julio y Minsburg, Naum (1999). *Tiempos violentos. Neoliberalismo, globalización y desigualdad en América Latina.* Editorial Consejo latinoamericano de ciencias sociales. Buenos Aires.

Mires, F. (1996). *La revolución que nadie soñó o la otra posmodernidad. Nueva sociedad.* Caracas, Venezuela.

Murillo, M. V. (2005). Sindicalismo, coaliciones partidarias y reformas de mercado en América Latina. *Siglo XXI.* Buenos Aires.

Paz, O. (Marzo 1992). La democracia: Lo absoluto y lo relativo. En *Vuelta, México*, núm. 184, pág. 13.

Ritzer, G. (1996). *La macdonalización de la sociedad: Un análisis de la racionalización de la vida cotidiana.* Ariel, Barcelona.

Sader, E. (2001). El ajuste estructural en América Latina. Costos sociales y alternativas. *Consejo latinoamericano de ciencias sociales.* Buenos Aires. Argentina.

Saltman, K. (2007). *Capitalizing on disaster: Taking and breaking public schools.* Paradigm Publishers. Boulder, Colorado.

Schumpeter, J. (2008). *Capitalism, socialism, and democracy. (3 ed).* Harper. New York.

Tenti Fanfani, E. (1993). Cuestiones de exclusión social y política. En Minujin, A. (Ed.). Desigualdad y exclusión: *Desafíos para la política social de fin de siglo,* UNICEF- Losada. Buenos Aires. pp. 241-274.

Villarreal, J. M. (1996). *La exclusión social.* Editorial Norma-FLACSO. Buenos Aires.

EPILOGO

Acerca del efecto del neoliberalismo se ha escrito mucho y tendrá que escribirse mucho más en el futuro. Ahora, con la introducción del concepto del 'Sujeto' neoliberal, que es presentado en este libro, el tema se eleva aún más. Sus repercusiones son inimaginables cuando tocan diversas dimensiones de la sociedad y del ser humano. El autor del mismo, Dr. Francisco Vélez Cruz, abre las puertas a temas poco trabajados y cuyo rendimiento habrá que continuar estudiando. Se hará imprescindible deconstruir lo que ha tejido la nueva economía global y denunciar lo que ha pretendido ocultar; esto es, la manufactura de lo que el Dr. Vélez Cruz, llama el Nuevo 'Sujeto' neoliberal y la sociedad de apariencias en que éste vive. Este nuevo 'Sujeto' neoliberal resulta ser el personaje principal de todo un proyecto de control universal por las fuerzas del mercado y el industrialismo económico del último cuarto del siglo pasado y de los primeros cuatro lustros del Siglo XXI.

Este 'Sujeto', según el Dr. Vélez Cruz, ha sido creado 'por la iniciativa privada y del más desvergonzado individualismo egocéntrico', utilizando como estrategia la configuración de lo fingido, lo falso, lo imaginario y lo hiperreal. Esto es, para legitimarse, se ha provisto de una madeja de mensajes de control y falsificación y el uso de toda una instrumentación de medios posible. Desde este primer momento, el Dr. Vélez Cruz, nos agarra al colocar en nuestro corazón el gusanillo de una conspiración planificada del poder privado con el objetivo egocéntrico de dominar y explotarlo todo; planeta e individuos. Hagamos, pues, un poco de análisis.

Es generalmente admitido que los mensajes de control están esparcidos por todo el espacio social. Siempre lo han estado. Surgen como un medio de fortalecimiento y supervivencia de los grupos que dominan y van dirigidos a los grupos a los que pretenden dominar. Los mensajes no se ven, pero se reciben, penetran nuestra conciencia, pero no se reconocen fácilmente con esa intención y nos conducen a determinadas acciones que pensamos que fueron producto de nuestra propia voluntad cuando no ha sido así. Generalmente, el fin del mensaje lo determina el emisor. Se trata de vender una idea, un producto o de lograr determinada conducta del receptor mediante la convicción o la coacción. Resulta bien importante que el mensaje adquiera un poder de convencimiento propio, impregnándole galardones de veracidad absoluta, tanto que pueda pensarse que no seguir el peso de la verdad que carga, sería ir en contra de todo el sentido común. Así de importante pueden significar. Lo irónico es que, mientras por una parte los mensajes de control están pegados en el oxígeno social, se hilvanan a la vez historietas paralelas para hacernos creer que el oxígeno es puro; que las decisiones que tomamos han sido producto del ejercicio libre de nuestra conciencia y voluntad y no producido o modificado por otros.

En este sentido, como nos dice el Dr. Vélez Cruz, el 'Sujeto' neoliberal ha sido trabajado, aunque quizás es mejor decir, manufacturado para respirar confiadamente en estos mensajes y no cuestionar la validez o legitimidad epistemológica. Todo ello, en días de la globalización está manejado por los intereses del mercado y la industria. De aquí que, el Dr. Vélez Cruz toma el tema de lo fingido, lo falso, lo imaginario y lo hiperreal en la manufactura de la conciencia individual a través de los mensajes de control, creándole un escenario ilusorio frente a sus ojos que le permita ver todo lo que han decidido que se vea, que los observe como un espectador acrítico y pasivo, que se deslumbre por los colores y sonidos que se utilizan y que pierda conciencia del tiempo y del espacio.

Para que tengan una idea, el 'Sujeto' – puede decirse – vive en una sociedad convertida en una gran discoteca, donde millones de luces se encienden y se apagan sin detenerse, donde el sonido es tan estridente que impide el pensamiento claro y racional, que lo encierra en un espacio de inconsciencia al reconocimiento del tiempo real y penetrado con un bisturí de que tienes que comprar y tienes que consumir. Son millones los estímulos variados a los que el 'Sujeto' está expuesto que le hace perder su conciencia personal; entregándola al productor del espectáculo. Desde aquí el Dr. Vélez Cruz, parte para discutir la epistemología del mensaje neoliberal. He planteado o dicho en otro lugar que uno de los objetivos más inteligentes y efectivos del neoliberalismo fue la normalización u homogenización del pensamiento y la cultura humana. El logro ha sido extraordinario al grado de que hoy día la diversidad ideológica se ha reducido prácticamente a una y meramente con un poco de esfuerzo podemos visualizar que un solo mensaje o discurso existente es más que suficiente para influenciar significativamente la conciencia de todo ser 'pensante' que vive en nuestro planeta. La lógica neoliberal fue clara.

¿Por qué en lugar de producir un mensaje particular para cada individualidad cultural, mejor producimos un mensaje uniforme efectivo para todas? ¿Por qué no sería mejor producir, igualmente, un receptor uniforme? ¿Por qué producir un mensaje distinto, cuando es más efectivo producir un receptor homogéneo, completamente 'normalizado'? ¿Cuánto menos conveniente es poseer un universo humano diverso e individualista si podemos tenerlo normalizado o sincronizado con nuestro proyecto de mercado? ¿Por qué no construir una mentalidad global conveniente al mercado en lugar de apoyar el multiculturalismo local? ¿Por qué mantener tan divididos a los individuos cuando el valor de una moneda puede unir a todos globalmente?

Como se hace evidente a este punto, el neoliberalismo ha decidido metérsele en la cabeza, en el corazón y sentimiento a cada individuo hasta convertirlo en un 'Sujeto' proclive al consumo, a la cosificación y deseoso por adquirir y acumular objetos con los que sientan derivar satisfacción y complacencia. El capitalismo de estos tiempos, en lugar de enfocarse en la producción de los artículos que satisfagan a los individuos ha instrumentado lo que Lyotard llamó como un Gran Discurso para correr paralelo con un Gran Espectáculo. Entre esos polos sobrevive, de ordinario, el 'Sujeto' neoliberal condenado a responder como mero espectador y ávido consumidor a las ofertas de los mercados, las modas y el entretenimiento. Todavía más, a modificar sus preferencias al ritmo de la producción de innovaciones; secuela de los mercados competitivos. Esto es, la sinergia que se produce no es otra cosa que el procedimiento de creación de sus necesidades o la producción de sus deseos.

Tengo que expresarme en desacuerdo aquí, sin embargo, la tesis que defiende el Dr. Vélez Cruz, de que el tiempo presente no tiene ninguna sustancia en sí, para el 'Sujeto', al representar solamente un punto de transición desde donde nada es, hasta donde todo será y todo se transforma. La realidad es que, puede que no tenga sentido a la conciencia. Sin embargo, para el 'Sujeto' neoliberal el tiempo presente es estático; todo es forma actual y todo es imagen presente a sus ojos. En otras palabras, todo está a la venta en vitrina, aquí y ahora. Todo es creado para él. Esto lo convierte en un neonato diario, con las referencias de conducta preestablecidas por los intereses del mercado.

Precisamente, este tema siempre me llamó la atención. Desde muy joven, he resistido – por lo menos de manera intelectual – a ser un mero actor de reparto, lo que es el rol del 'Sujeto' neoliberal. Me quejaba de vivir en un mundo creado en el pasado, del cual no pude haber sido consultado, que se me impuso bajo la prédica de que todo fue bien hecho y que debía seguir así, sin cuestionamiento de clase alguna. No me daba cuenta que yo era objeto de manufactura. Que era receptor de una prédica conformada desde los países nacionales más poderosos y que ahora existen una 'aldea global' como parte de la globalización. Todos los criterios humanistas de valor, 'desde la moralidad, la verdad y la estética' – como dice el Dr. Vélez Cruz, estaban ausentes.

Otro tema que trae el Dr. Vélez Cruz, es lo que corresponde a la educación formal del nuevo 'Sujeto' neoliberal; de cómo se genera y se valida el conocimiento en su cabeza. El Dr. Vélez Cruz, toma la tesis de pedagogos estadounidenses en los años 80 y 90 incorporados en los currículos de preparación profesional. Estos principios o racionalidad están desarrollados en función de tres conceptos fundamentales: Eficiencia (logro de los fines con el mínimo de recursos), Eficacia (refiere al logro de los objetivos) y la Calidad (implica el cociente de producción dentro de un periodo considerado en relación a la percepción de satisfacción). Todo ello, tras el objetivo de crear la epistemología o el pensamiento estandarizado, normalizado, uniformado o sincronizado del que hemos hecho mención. Son los mismos del mundo *'light'* (superficial) y rápido que aplica a los principios que han hecho exitosas a las empresas de comida rápida. Como dice el Dr. Vélez Cruz, "cada ser humano representa para el sistema social un cliente, un consumidor, una inversión personal y colectiva que debe ser rentable en términos económicos;" y yo añado, previsible y replicable. Concuerdo entonces en que, de este modo, la educación pierde todo sentido social y se convierte en una de naturaleza privada y lucrativa. Esta gran denuncia ha sido sostenida durante las pasadas décadas por pedagogos críticos.

La subjetividad del 'Sujeto' neoliberal ha sido trabajada en las distintas esferas de la conciencia. De hecho, ha llegado a internalizarse en lo profundo para evitar que actúe en contra del mensaje hegemónico. Se le ha hecho pensar al 'Sujeto' que actuar en contra de la prédica es ir en contra de lo que es lógico, es decir, ir en contra del sentido común. ¿Para qué transformar lo que ya ha probado que funciona? Las representaciones que de aquí parten tienden a decir que no hay lógica en cambiar lo que fue producido racionalmente y sería ir en contra del sentido común, tan siquiera el intentar hacerlo. Lo que se nos hace obvio a esta altura es que esas representaciones, están tejidas por relaciones de poder y control.

Un tema que no debe escaparse para la atención futura, es el asunto del monitoreo y la vigilancia. Ciertamente, hoy día, tenemos que decir que es virtualmente imposible quedarnos escondidos por mucho tiempo. Y, por el curso que van las cosas dentro de poco hasta nuestros pensamientos dejarán de ser exclusivamente nuestros para asegurarse que el 'Sujeto' neoliberal ha sido construido eficientemente y para auscultar cualquier movimiento de oposición.

El principal problema que genera el sistema vigilante y controlador del neoliberalismo es el menoscabo y disminución de las libertades políticas individuales, en especial el derecho a la privacidad. Pero, ¿qué importa?, podría llegarse a concluir que la privacidad dejó de existir. A esta altura del siglo XXI, nadie se escapa de ser vigilado y rastreado por algún medio. De aquí que preocupa la ausencia de una cultura de contra vigilancia lo que convierte a la vigilancia en una especie de animal muy poderoso e impune a sus acciones ilegales y los excesos que pueda cometer.

Como hemos dicho, en estos días resulta en una lamentable realidad de que la privacidad personal ha desaparecido. Nuestras respectivas individualidades han perdido privacidad. Son ahora vidas públicas o es mejor decir, expuestas al fisgoneo oficialista o empresarial privado. Nuestros secretos han dejado de serlo. Es como si pasáramos los días caminando al desnudo por todos lados, donde lo único que queda por verse son nuestros pensamientos y eso, bueno, hay hasta que ponerlo entre comillas.

Después de todo lo discutido, se cae de la mata atender los temas de la libertad y de la democracia. Cuando la sociedad neoliberal promociona que cada individuo tiene el poder para dirigir su propio destino y en colectivo luchar por sus mejores intereses, la realidad es otra. Se trata de meras alocuciones falsas y tendenciosas. Como hemos expuesto y parafraseando al Dr. Vélez Cruz, las palabras de que la ética contemporánea regula la conducta humana es cierta, pero tiene su vicio. Se trata de una ética que también es manufacturada y que atenta contra su vida, su integridad, la libertad y la propiedad. Se trata de una libertad falsificada y de una democracia privada, que cada día se aleja más del interés público. Si lo anterior parece tan claro, ¿qué hace el neoliberalismo para evitar las expresiones de insatisfacción del oprimido y explotado? El tema ya ha sido discutido por diversos autores. Uno de ellos lo fue profesora Mary S. Jackman quien sostuvo que el poder dominante prefiere gobernar con guantes de terciopelo. En la medida en que no sea necesaria la violencia física, prefiere utilizar otro tipo de estrategias y alternativas como mecanismos para mantener dominio y control del absoluto social.

En su libro *The Velvet Glove* Jackman describió, por ejemplo, el uso del paternalismo como técnica o mecanismo de control de todo sentimiento de rebeldía y sedición para aplacar a los grupos que pudieran sentirse discriminados. La autora demostró que el paternalismo ha sido la medida de integración preferida por los dominadores para mantener controlados, en armonía y funcionando por largos períodos a los grupos que poseen la peor parte de la desigualdad social. Al grupo de los sumisos subordinados, también les es ofrecida una ración de amor, no obstante, siempre y cuando se mantengan cumpliendo estrictamente con los estándares establecidos por los que representan la autoridad. Jackman hace consciente de cómo las históricas ayudas 'desinteresadas' de los dominadores y las 'conmovedoras' expresiones de buena fe, de corte cristiano muchas veces, por ejemplo, como lo son los fondos de beneficencia, la vivienda pública, los cupones para alimentos, las cartas de reconocimiento, fiestas de cumpleaños, actividades recreativas, bonos navideños, entre muchos otros, son sencillamente medidas de control dirigidas a producir conductas de sumisión voluntaria. Esta claramente expuesto y descrito la conducta masiva en la población del sistema colonial en este archipiélago llamado Puerto Rico.

El mensaje a los grupos marginados es que no hay razón para rebelarse porque gracias a Dios existen sus 'hermanos mayores'. Sin embargo, mientras tanto y para propósitos de explotación y de los intereses del mercado utilizan los mensajes subliminales escondidos para vociferarle al mundo su naturaleza magnánima los cuales en cambio son total y absolutamente abiertos. Y directos. Veamos: ¿Quién no ha escuchado en los anuncios de publicidad expresiones que dicen que la banca es tu amiga? Por supuesto, que todo el mundo los escucha o los lee. ¿Cuántos de nuestros vecinos recurren diariamente a la banca pensando que ese 'amigo' les extenderá la mano para salir del problema económico que les aqueja? Podría sonar irónico al inicio de que la banca se represente como un amigo, pero eso es lo que vemos diariamente en los medios de comunicación masiva. Sin embargo, solo se trata de pura estrategia de mercadeo. ¿Quién no ha visto alguna reconocida corporación entregando donaciones 'pingues' a organizaciones sin fines de lucro? ¿Quién no ha visto documentales producidos y costeados por alguna empresa entregando unas cuantas libras de alimentos en una pequeña aldea sudafricana? Realmente, ¿a estas 'tiernas' corporaciones le palpita el corazón por el desposeído? ¿No habrá alguna otra estrategia escondida? ¿Qué creen?

Previo a Jackman, Antonio Gramsci – autor al que hace referencia el Dr. Vélez Cruz - había develado un método de opresión y dominación mucho más sutil al de la autora de *The Velvet Glove*. Se trataba de un proyecto de dominación de manera más callada y efectiva. Para este servidor, Gramsci es fundamental para comprender lo dicho hasta aquí. La fórmula presentada por Gramsci establecía la mecánica del uso de las ideas y la convicción como un mecanismo de dominación. Se trataba de la práctica de inculcar las ideas de los grupos en dominio entre los grupos de los dominados y así ganarles el corazón, la conciencia y la voluntad. Para explicar un poco más claro este punto de vista, quisiera pedir que nos ubiquemos en la posición del dominador y hagamos las siguientes preguntas: ¿Cuánto más conveniente sería lograr que los dominados estén dispuestos a someterse voluntariamente a mi autoridad? ¡Por supuesto que sería extraordinario! ¿Qué mejor técnica de control que poner a la gente a pensar de la manera en como yo pienso? ¿Qué tal, si se logra que la población piense como yo quiero? ¿Qué tal, si aquel al que yo exploto y oprimo pensase que no lo está? ¿Qué tal, si logramos conseguir que la gente piense que las diferencias económicas, étnicas, entre otras condiciones son producto de una realidad incambiable, determinada en el nacimiento y que todo intento de cambiarlo atentaría en contra de la lógica y la razón; que pensar lo contrario sería ir en contra del sentido común? ¿Qué tal si se pensase que la sociedad como está es tan justa y equilibrada como puede ser?

La hegemonía, entonces, más que una manera efectiva del ejercicio del poder se coloca en el punto de ser una creación artística-lúdica continua, que depende de una estructuración constante de la conciencia dominante en batalla por el control de la conciencia dominada. Recogemos del Dr. Vélez Cruz las palabras de que esta imagen pulida no daña, ni ofrece resistencia y lo digital constituye lo bello del espacio pulido y liso de lo igual, un espacio programado que no tolera ninguna extrañeza, ninguna alteración y ninguna negatividad que altere lo establecido independiente sea una verdad o una fantasía.

En el capítulo final, el Dr. Vélez Cruz pregunta " ¿Quién decide?" La pregunta me ha permitido ver con cinismo e ironía a los que con el fanatismo de 'la buena fe' insisten en hablar de libertad a esta altura histórica. Tenemos que preguntarnos de ¿Cuánta libertad podemos reclamar en nuestras vidas si el tablero está prefijado, los 'escaques' pintados y las reglas predeterminadas en la programación? ¿Podemos, a la vez, hablar de democracia? ¿Cuán seguros podemos estar de que vivimos en una democracia cuando no participamos de las decisiones trascendentales que nos afectan? En este nuevo mundo de globalización, tenemos que preguntarnos: ¿Hasta dónde se extiende nuestra participación?

En el 1997, Ben Bagdikian identificó diez grandes corporaciones como las que poseen el monopolio de las comunicaciones mundiales, desde la más pequeña radioemisora local hasta el más potente sistema satelital. Además, éstas incorporaron como aliados a los intelectuales orgánicos, al periodismo, las casas publicadoras, a los políticos y a la escuela a fin de dominar el debate y erigir un sentido común interesado que trascienda las generaciones. La tarea ha sido desarrollada de manera exitosa y el proyecto ideológico de crear el sentido común ha calado hasta las fibras más internas de la estructura y la conciencia social. Desde esta perspectiva y, en función de la diseminación universal, nuestra sociedad ha aceptado como naturales todas estas ideas y las ha incorporado como las técnicas estrategias, alternativas y los mecanismos para solucionar los problemas estructurales de la sociedad misma. Resulta también que mmuchas de estas corporaciones han estado fusionándose o reordenando sus participaciones, por lo que piense como si estuviesen en el poder y control de estas corporaciones y el mensaje global a ser emitido.

En el pasado, era tradicional el que las empresas de comunicaciones fueran propiedad de empresarios de las comunicaciones. Sin embargo, ya eso no es así por más tiempo. La gran mayoría de las corporaciones que poseen los medios de comunicación son empresas con múltiples intereses; muchos lejanos a los principios del periodismo y la libertad de expresión. Se trata de corporaciones que han recurrido a la adquisición de estos medios masivos de comunicación para asegurarse un rendimiento mayor a su inversión. En el año 2014, en los Estados Unidos, la cosa estaba peor. Solamente seis corporaciones poseían un total de 1,500 periódicos, 1,100, magazines, 9,000 estaciones de radio, 1,500 de televisión y 2,400 casas publicadoras. En términos de la democracia participativa, tenemos que tomar en consideración cómo se puede ver amenazada las libertades del planeta cuando sólo un grupo reducido de corporaciones controla el mensaje global.

Personalmente no puedo dejar el asunto aquí como si no hubiese esperanzas de transformación. Aunque el Dr. Vélez Cruz reconoce lo difícil que sería una conciencia colectiva de cambio, con lo que concuerdo, pienso que no todo está perdido. En mi libro *Life Sucks,* trabajé el tema de la "Resistencia" como instrumento de esperanza futura. Sostengo allí que el principio está en la propia agencia del individuo dedicada a gestionar asuntos o prestar servicios. Esto implica que en el primer momento en que una persona tiene la virtud de obrar, hacer uso de su poderío para dominar al otro y este no estuvo conforme y no respondió a los reclamos que se le hicieron, el ejercicio de la "Resistencia" tuvo su nacimiento. Puede que haya nuevas estrategias menos tradicionales que las que la historia nos tiene acostumbrados, pero otras continúan teniendo la vigencia que siempre han tenido.

Las prácticas de "Resistencia" reconocen la posibilidad de acción de parte de las personas. Para poder llevarse a cabo, las personas necesitan reconocer la agencia, esto es, para poder resistir y reconocer unos hechos con los que no se comulga. Reconocemos que esto es cuesta arriba. También tiene que darse una exigencia individual de respeto y dignidad, de pervivencia cultural, social, territorial y/o política, entre otras; así como de opciones frente a posturas impositivas. Esto es más probable.

El situacionismo de Debord, nos provee del campo de conocimiento para pensar en establecer estrategias efectivas dirigidas a crear situaciones de deconstrucción y "Resistencia" para contrarrestar aquellos espectáculos y eventos diarios que construyen los intereses dominantes. En esto, Foucault concuerda al decir que: "el poder es definido como la capacidad de estructurar el campo de acción del otro, de intervenir en el dominio de sus acciones posibles y que los sujetos son libres en la medida en que tienen siempre la posibilidad de cambiar la situación, pues no estamos siempre atrapados, siempre hay posibilidad de transformar las relaciones estratégicas".

Nosotros sugerimos que todo proyecto de "Resistencia" y contra la hegemonía debe ir dirigido a desacreditar críticamente los relatos ideológicos que han dominado el aire social por siglos. De eso trata este libro. Desde los espacios de liberación que podamos crear estaríamos explorando nuevas formas de relaciones económico-políticas, no tan solo desde el macro social sino hasta el micro, desde la más amplia relación de gobierno global hasta las relaciones individuales en las que también se ejerce el poder y el dominio. Siguiendo las formas de Foucault, estaríamos reconsiderando la ontología humana tradicional con la que hemos definido al Ser humano (hombre o mujer) como 'Sujeto' de derecho y transformar al 'Sujeto' neoliberal, en 'Sujeto' ético capaz de ver lo moral en las acciones de los poderosos y dejar de ser 'Sujetos'; meros observadores de los aconteceres sociales cotidianos. Esta ha sido la degradación más infame al ser humano que ha registrado la sociedad. Un 'Sujeto', por llamarlo así, 'Sujeto' a un derecho que lo mantiene disciplinadamente pasivo, no reacciona a las injusticias, sino que las justifica, con el agravante de que nadie ha dado su consentimiento a la dominación.

El problema político fundamental de la modernidad no es el de identificar la melodía del soberano sino desmenuzar y desmontar las formas de dominación globales y desarticular los estados locales de dominación. Frente a esta realidad, tenemos que proceder a ccapacitar al individuo social en las destrezas de reflexión crítica mediante un proyecto educativo que tenga un efecto significativo en la conducta, emociones y conceptualizaciones en las generaciones por venir. Como 'Sujetos' pasivos, incapaces de transformar el mundo nos vemos impedidos de romper con el orden establecido, con el tejido ideológico manufacturado y con las actitudes de víctimas en el entorno en general. Tenemos que levantar una cultura fundamentada en la ironía crítica y el uso del lenguaje. Freire sostuvo que la transformación comienza con la denuncia. Se ha manufacturado un consenso pasivo de masas con el propósito de controlar el pensamiento que hay que destruir. Chomsky, por su lado, sostiene que la palabra tiene una fuerza expansiva que penetra la pared más gruesa hasta la mentalidad más obcecada. Lo mismo persuade que disuade, provoca que desaliente y confunde como clarifica.

Concurro con lo señalado por el Dr. Vélez Cruz en que los medios de comunicación masiva y las escuelas son los principales mecanismos que utilizan los dominadores para penetrar el mensaje de opresión y de pasividad. Para ello, habría que revertir la gramática del mensaje de dominación por mensajes de corte totalmente democrático, que haga regresar la fuerza del cambio a las manos de la gente, del pueblo; fuerza que le fuera arrebatada por las otras fuerzas autoritarias y dictatoriales de la economía y la política. El problema de la modernidad no estriba en identificar la existencia de unos poderes dictatoriales y soberanos, sino en reconocer que el poder democrático existe y que, organizado, es más ampliamente poderoso que cualquier otro. Este se logra uniendo a los subordinados mediante la creación de un nuevo discurso de "Resistencia". De ahí, que tenemos que ir tras la democratización radical de los medios de comunicación e igualmente de las escuelas. Tenemos que recobrarlas para hacer efectivo el operativo transgeneracional de liberación humana. Se trata de defender la posibilidad misma del pensamiento y la acción crítica.

Para ir cerrando este análisis, debo señalar que resulta morboso pensar que mientras les niegan el derecho a los individuos a ejercer su poder de 'Resistencia', muchas de las corporaciones neoliberales no dejan de reclamar para sí un pedazo de ese derecho. Podemos observar cómo estas corporaciones, de corte multinacionales principalmente, reclaman el establecimiento de reglas y normas que le favorezcan como es, por ejemplo, la libertad de un mercado menos regulado, el pago de menos costas contributivas y otras limitaciones que hoy tienen, como las ambientales. Lo irónico es que muchos de los mensajes que se producen se hacen a nombre y en supuesta representación de la población universal. Para ello, necesitan y reclaman de aliados el favor público. Puesto que la mesa está servida, el Dr. Vélez Cruz nos ha presentado un gran temario de reflexión al que hay que sacarle el jugo.

José Castrodad, Ph.D.
24 de febrero del 2021

Glosario

A

Abdicación. Acto según el cual una persona renuncia y cede por sí misma su cargo antes de que expire el tiempo para el cual se tomó el mismo.

Aceleración. Se define como la tasa de cambio de la velocidad desorientada, pierde el sentido del tiempo y los acontecimientos son fragmentados sin rumbo ni trayectoria. La persona está, al mismo tiempo, clasificando en categorías toda vivencia o experiencias, es objeto de un discurso religioso, filosófico, político, se modela su cuerpo y su espíritu mediante técnicas de poder.

Ahistórico. Ajeno a la historia o no establece una relación con ella.

Alineación. Unión, asociación o adhesión de una persona o un colectivo a una determinada tendencia ideológica, política o de otro tipo.

Alienación. Explotación propia del sistema capitalista en la cual el trabajador no es considerado como persona en sí, sino en función de su valor económico, como mano de obra para la multiplicación del capital, es decir, el trabajador no representa sino determinada.

Amoral. Persona que carece del sentido de valores ético-morales en su comportamiento y relaciones con otros.

Atomización. Rasgo principal de un mercado en el cual existen muchos vendedores y compradores los cuales ejercen las acciones de oferta y demanda necesarias para su subsistencia, aunque ninguno de ellos tiene una posición preponderante. Es decir, que no existe un vendedor o un comprador cuyas decisiones puedan alterar el equilibrio del mercado.

B

Bioética. Estudio de los aspectos éticos de las ciencias de la vida principalmente la medicina y la biología, así como de las relaciones del ser humano con los restantes seres vivos.

C

Capitalismo de casino. Modelo de capitalismo financiero muy extendido en lo que va de siglo, causante en buena medida de la crisis que padecemos poniendo en guardia a los diferentes organismos internacionales encargados de evitar que se repitan en el futuro los desmanes de este modelo de rapiña, pelotazo y ganancias fáciles para unos pocos y de pérdidas ruinosas para la mayoría. Se caracteriza por ser un modelo muy especulativo y volátil, de riesgo poco productivas y sólidas, plagado de productos financieros muy sofisticados y en continua innovación, destinados a sortear, mediante la denominada ingeniería financiera las regulaciones y normas legales establecidas por los Bancos Centrales y las instituciones públicas responsables del control de los productos y operaciones financieras.

Capitalismo financiero. Es el dinero invertido en entidades financieras con el fin de obtener una renta al capital. Representa al capital que no es invertido en alguna actividad productiva que generaría puestos de trabajo para muchas personas. El capital financiero está formado por la alta concentración de capitales industriales fusionados con la banca que da origen a monopolios propios de países imperialistas. La fusión del capital del monopolio bancario con el de magnates industriales da nacimiento a la oligarquía financiera; que es una característica fundamental del imperialismo capitalista.

Cosificación. Es tratar a los demás como objetos donde se busca su propio interés. Ir en contra de la propia esencia del ser humano, despojar a la persona de su propia dignidad.

Constructivista. Proceso continuo de interacción cotidiana entre los afectos, aspectos cognitivos y los aspectos sociales de su comportamiento.

Currículo oculto. Ideología predominante de la escolarización, que considera a la escuela como un dispositivo para promover la reforma social y la movilidad social. Consiste en descubrir que el conocimiento está más allá del poder de los estudiantes y, en cualquier caso, no es de su incumbencia.

D

Dialéctica. Consiste en establecer una "tesis" su contrario en una "antítesis" y su resolución en una "síntesis". A cada afirmación de algo le corresponde su respectiva negación y al choque entre ambos, una solución o conclusión que posteriormente se conviene en otra tesis y así sucesivamente.

Disincronía. Suceso que no tiene lugar en parcial correspondencia temporal con otros sucesos.

Disincronía histórica. Pérdida de sentido provocada por la primacía de una actividad ciega desvinculada de la reflexión y la contemplación de una realidad cada vez más incomprensible e inalcanzable. Aislamiento intelectual al margen de la realidad contemporánea, un detenerse, un ordenar los acontecimientos y dar duración a los sucesos.

E

Escagues. Cada una de las casillas pintadas blancas y negras de un tablero de Ajedrez.

Ecosóficas. Conocimiento formado de argumentos y experiencias que emanan de la percepción de tres ecologías: 1) Ecosofía Social (Relaciones Sociales) 2) Ecosofía Mental (Subjetividad Humana) y, 3) Ecosofía del Medio Ambiente representa el principio específico de que todo es posible, lo cual incluye hasta las peores catástrofes en el proceso imperceptible en cómo evolucionamos.

Empresarismo. Proceso de comenzar un nuevo negocio. Es la técnica de organizar los recursos necesarios para llevar a cabo la elaboración de productos o proveer los servicios a ofrecerse en una nueva ventura.

Establishment. Clase dirigente, clase dominante, persona, grupo social o institución que tiene una influencia significativa en el conjunto de la sociedad.

Ecologización. Acción de hacer o convertir algo en ecológico.

Ecología. Rama de la biología que estudia las relaciones de los diferentes seres vivos entre sí y con su entorno.

Emporio. Se refiere al sitio que reúne a personas procedentes de diferentes países para comerciar.

Epistemología. Se ocupa de estudiar la naturaleza, el origen y la validez del conocimiento.

Eros. Conjunto de impulsos e inclinaciones de la personalidad humana al placer.

Ethos. Alude a la forma común del comportamiento, rasgos o identidad de un grupo de personas que pertenecen a una misma sociedad o comunidad.

G

Good-Will. Valor material de una empresa de mercado que determina la reputación de la compañía.

Gusto incentivado. Refiere a las estrategias en los puestos de trabajo para mejorar la productividad. En muchas ocasiones el incentivo no siempre es económico. Cuando una empresa ofrece incentivos a sus empleados intenta mantener o mejorar unos niveles deseados de productividad empresarial que permitan a la organización obtener los números económicos y los beneficios planteados.

H

Hiperreal. Designa la incapacidad de la conciencia de distinguir la realidad de la fantasía; especialmente en las culturas posmodernas tecnológicamente avanzadas. Describe la forma en que la conciencia define lo que es considerado "real" en un mundo donde los medios de comunicación pueden modelar y filtrar de forma radical la manera en que percibimos un acontecimiento o experiencia. Producto de la cultura que ve los símbolos y otros signos como la única realidad experiencial.

Hedonismo. Tiene como principio u objetivo contemplar el placer y los bienes materiales como lo más importante en la vida. Entre los seres humanos es animado por múltiples deseos que, a su vez, están frente o confligen con los deseos y castigos de otros seres humanos.

Hegemónico. Es cuando la clase dominante no solo es capaz de obligar a una clase social subordinada a que satisfaga sus intereses, renunciando a su identidad y a su cultura grupal, sino que también la clase dominante ejerce control total en las formas de relación y producción de la clase subordinada y el resto de la sociedad. Este proceso no posee un carácter explícito, más bien se da de manera sutil. En ese sentido, la clase social subordinada adopta las concepciones de la clase dominante y las incorpora a su repertorio ideológico; hecho a todo a lo que comúnmente se denomina sentido común.

Hiperindividualizacion. Es creer que en esta sociedad neoliberal del supremacismo del cientificismo las ciencias positivas nos darán la solución y la tecnología para resolver todo.

Homogeneización. Proceso en el cual una cultura dominante invade o captura una cultura local, volviendo a la sociedad homogénea. Implica el intercambio de elementos y la mezcla de diferentes culturas para propagarse en una sola.

Humanista. Persona con una manera de ver el mundo desde la perspectiva de que el ser humano es el centro de las preocupaciones terrenas. Refiera a un ser humano que es quien investiga, que crea, que cuestiona, sin límites ni restricciones religiosas.

I

Ideologías blandas. Se refiere a ideas imprecisas que son incorporadas a una categoría social de contornos difuso.

Intelectuales Orgánicos. Grupo social burgués del sector cultural dominante de la sociedad civil que intervienen en el diseño y organización de las políticas públicas del Estado. Expertos y funcionarios conectados al orden moderno o capitalista.

L

Liberalismo. Doctrina filosófica relacionada con la política, la economía y la sociedad fundamentada en la libertad individual y la limitación o rechazo del papel, función e intervención del Estado.

Liftings. Operación de cirugía estética que consiste en estirar la piel de manera que desaparezcan las arrugas y manchas en todo del rostro.

Lúdico. Vinculado al juego. Actividad que se realiza con fines recreativos o para competir y que se fundamenta en reglas. Relacionado al entretenimiento, agradable, juguetón, recreativo placentero como medio de diversión.

Lustros. Periodo de cinco años

M

Macdonalización. Formas actuales de racionalidad instrumental de conceptos como: eficiencia, calculo, previsibilidad, control y sus consecuencias positivas en la racionalización de la eficiencia del modelo de comida rápida McDonald's.

Misóginos. Aversión a las mujeres. Puede manifestarse de diversas maneras, que incluyen denigración, discriminación y violencia contra la mujer.

Modernidad liquida. Se fundamenta en el individualismo, en algo temporal e inestable que carece de aspectos sólidos. Todo lo que tenemos es cambiante y con fecha de caducidad en comparación con las estructuras fijas del pasado.

Multicapitalismo. Nuevo paradigma económico capaz de responder a las necesidades sociales, crisis climáticas, ecología, pandémicas y no solo a una economía de mercado global e información financiera; superando las diferencias entre la empresa pública (de servicio-gobierno y privada) orientada al lucro económico de forma indiscriminada procurando proteger el capital ecológico. Esto es el desgaste de la naturaleza del planeta: la vida ecológica que de cada uno de estos se produce (Costa, 2021).

N

Narcisista. Trastorno mental en el cual las personas tienen un sentido desmesurado de su propia importancia, una necesidad profunda de atención excesiva y admiración, relaciones conflictivas y una carencia de empatía por los demás.

Neoliberalismo. Teoría político-económica que retoma la doctrina del liberalismo clásico y la replantea dentro del esquema capitalista actual bajo principios más radicales. El modelo neoliberal, las prácticas que propone solo apuntan al beneficio de los generadores de riqueza, obviando el bienestar del resto de la población.

Nihilismo. Doctrina filosófica que niega la existencia de realidades absolutas y valores políticos, sociales, religiosos, así como de fundamentos objetivos del conocimiento y la moral. Se entiende que el nihilismo es no creer en nada excepto en que la vida no tiene sentido.

Neofilia. Amor por lo nuevo, esclavizado por la moda, el culto al cuerpo y la comida sana.

Neologismo. Palabra o expresión que se crea en el lenguaje que nace generalmente cuando surge una nueva realidad que exige ser nombrada. Por ejemplo, inventos y descubrimientos. Conceptualización también para nombrar nuevos fenómenos políticos, económicos o culturales.

O

Ontología. Rama de la filosofía que estudia la naturaleza del "Ser", la existencia y la realidad tratando de determinar las categorías fundamentales y las relaciones del "Ser en cuanto Ser".

P

Pandemia. Se refiere a la propagación mundial de una nueva enfermedad. Se produce una pandemia cuando surge un nuevo virus que se propaga por el mundo y la mayoría de las personas no tienen inmunidad contra él.

Perspectiva Ecosófica. Corriente de pensamiento que promueve la búsqueda de una sabiduría para habitar el planeta en medio de la crisis ecosistémica global que enfrenta la humanidad.

Plus. Valor no pagado del trabajo del obrero que crea un *Plus* producto del cual se apodera y se adueña el empresario dueño/propietario de la empresa, industria, negocio.

Plusvalía. Expresión monetaria del valor que el trabajador asalariado crea por encima del valor de su fuerza de trabajo.

Posmodernidad. Movimiento artístico, filosófico e histórico que nace a finales del siglo XX como una búsqueda por nuevas formas de expresión centrados en el culto por el individualismo y crítica al racionalismo.

Posverdad. Distorsión deliberada de una realidad en la que los hechos objetivos tienen menos influencia que las apelaciones a las emociones y las creencias personales con el fin de crear y modelar la opinión pública e influir en las actitudes sociales.

Proclive. Inclinación o disposición natural hacia una cosa.

R

Reificación. Forma particular de alienación en el modo de producción capitalista.

Relativismo. Sostiene que los puntos de vista no tienen, ni pueden llegar a ser una verdad ni validez universal. Por el contrario, solo poseen una validez subjetiva ajustada según los diferentes marcos de referencia.

Rentabilidad. Beneficios que se han obtenido o se pueden obtener de una inversión.

Recursividad. Forma con lo cual se especifica un proceso. Establece su propia definición y tiene característica discernible en términos de autor referencia, autopoiesis y fractalidad; en otras palabras, construcción a partir de un mismo tipo de proceso.

S

Sacralización. Dar carácter sagrado a una cosa que no lo tenía.

Sinergia. Acción conjunta de varios órganos en la realización de una función.

Subjetivación. Se refiere al proceso a través del cual nos constituimos como sujetos y manifestamos nuestra subjetividad.

Subliminal. Es percibido sin que el sujeto llegue a tener conciencia de ello

'Sujeto'. Abarca tres aspectos: el sentido colectivo, el sentido de resistencia al poder, particularmente a la resolución legal de los asuntos de poder y el sentido como suplemento. El 'Sujeto' no es asimilado/succionado ni abarcado en su totalidad por regímenes políticos, sistemas de control, estructuras de poder, codificaciones legales ni clases dirigentes actuales que lo condicionan. El 'Sujeto' simboliza deseo, nuevas vías de escape y resistencia en dirección a una nueva existencia.

Sujeción. Se refiere a la acción y efecto de sujetar, que este sujeto a aquello que obliga el acatar, obedecer o someter a una persona a una autoridad, sujeto a los derechos civiles.

Sociedad disciplinaría. Representa la red de aparatos que producen y regulan costumbres, hábitos y prácticas productivas mediante lo cual se asegura la obediencia a sus reglas y sus mecanismos de inclusión o exclusión por medio de instituciones disciplinarias como la prisión, la fábrica, el asilo, el hospital, la universidad, la escuela que se encargan de estructurar el terreno social y presentan lógicas adecuadas según la razón por lo que se rige cada disciplina. El poder disciplinario gobierna. En efecto, estructura los parámetros y límites del pensamiento y la práctica, sanciona y prescribe los comportamientos normales y / o desviados.

T

Teología. Ciencia que trata de Dios y del conocimiento que el ser humano tiene de él. Es hablar de Dios o bien el discurso que se provee de la existencia de Dios. Es una reflexión acerca de Dios y, en este sentido existe también una teología filosófica; particularmente es una corriente de la Iglesia católica que en su reflexión y conceptualización intenta conocer y comprender la fe a partir de la razón.

Teleología. Cualidad de indagar en el sentido último de la realidad, de la vida o de los seres. Rama de la filosofía que se encarga de estudiar o reflexionar a propósito de entender el fin último de la existencia. De allí se desprende que lo teleológico es propio de los estudios metafísicos.

Teologizar. Discurrir los principios o razones teológicas.

U

Utopías. Hace referencia a una sociedad soñada, ideal, un sueño, algo que anhelamos pero que realmente no existe.

X

Xenófobos. Tipo de distinción, exclusión, restricción o preferencia centrada en motivos de raza, color, linaje u origen nacional o étnico. Tiene por objeto o por resultado anular o menoscabar el reconocimiento, goce o ejercicio de condiciones de igualdad, de los derechos humanos y libertades fundamentales en las esferas política, económica, social, cultural o en cualquier otra esfera de la vida pública.

.... El Nuevo "Sujeto" Social

www.ingramcontent.com/pod-product-compliance
Lightning Source LLC
Chambersburg PA
CBHW020443290526
45785CB00002B/997